목록

목록

평생을 수치심과 싸워온
우리의 이야기

로라 베이츠 지음 | 황가한 옮김

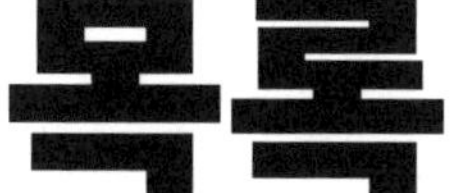

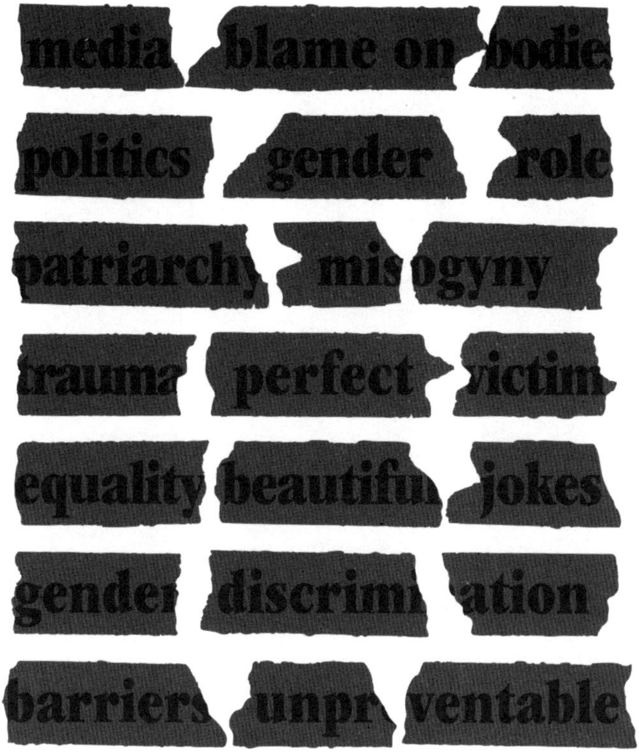

RHK
알에이치코리아

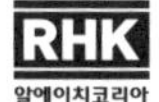

나의 멋진 엄마에게

매 순간 든든한 지원군이 되어주는 데 감사하며

차례

일러두기

별도 표기가 없다면 이 책에 인용된 모든 이야기는 일상 속 성차별 프로젝트에서 가져온 것이다.

목록

"나에게는 아주 많은 이야깃거리가 있다.
너무 많아서 다 나열할 수 없을 정도다……
말하는 것은 고사하고 기억하기도 어려울 정도로
많은 이야깃거리가 있다."

—'일상 속 성차별 프로젝트' 게시물 중에서

대부분의 여자들이 그렇듯 내 목록은 그것이 존재한다는 사실을 깨닫기도 전인 아주 어린 시절에 시작된다. 그 목록의 1번은 부모님이 갓 태어난 남동생을 처음 보여주러 조부모님 댁에 갔다가 돌아올 때 자동차 조수석에 놓여 있던 무겁고 흉측한 금 장신구다. 그 선물이 거기에 있는 이유는 엄마가 딸만 둘을 낳은 끝에 마침내 아들을 낳았기 때문이다. 나는 아직 다섯 살이라서 내가 이미 심사를 당했고

'미달'이라는 판정이 내려졌음을 알지 못한다.

초등학교에 들어간 뒤에는, 여자는 발이 작아서 부엌 개수대에 더 바짝 설 수 있겠다는 '농담'에, "샌드위치나 만들어 와"라는 말이 효과적인 모욕이라고 생각하는 아이들에게, 축구하는 남자애들과 줄넘기하는 여자애들로 완벽하게 분리된 운동장에 당황한다.

여덟 살이 되기 전에는, 결혼할 남자애를 '고르라'는 압박을 받는다.(나는 당황해서 사촌의 이름을 댄다.) 아홉 살이 되기 전에는 제일 친한 친구가 벽에 얼굴을 정면으로 부딪혀서 앞니가 부러진다. 뽀뽀 게임에서 쫓아오는 남자애들을 피해 달아나다 그렇게 된 것이다. 수학여행을 가는 버스 안에서는 아이들이 성적인 행위를 뜻하는 숫자들과 우리 학년 남자애들의 이름이 적힌 종이를 돌린다. 여자애들은 숫자 두 개를 고르고 자신이 그 남자애와 '한 일'에 대한 비웃음과 조롱을 견뎌야 한다. 책가방 안에 구겨져 있던 그 종이를 아빠가 발견할 때 나는 공포와 수치심에 휩싸인다. 그게 뭔지 모른다고, 나는 하기 싫었다고 말하고 싶지만 그러지 못한다.

열세 살 때는 여자애들이 수영복으로 갈아입고 수영장에 들어설 때 남자애들이 10점 만점으로 몸매를 평가한다.

나는 화가 나고, 겁에 질리고, 수치스럽고, 모욕감을 느낀다. 여자애들은 아무 말도 하지 못한다. 또래집단에서 여자애의 가치는 얼마나 많은 남자애가 그 애를 매력적이라 생각하고 섹스하고 싶어하는가로 결정된다. 우리 반 남자애들은 어떤 여자애들을 "걸레"나 "무 다리"라고 부른다. 남자애들이 서로 돌려 보는 '마술 펜'을 보고 내가 화를 내자 도리어 그들이 나를 놀린다. 그 마술 펜에는 여자 그림이 그려져 있는데 거꾸로 뒤집으면 여자의 옷이 천천히 벗겨진다. 버스 뒷자리에서 하는 게임에는 이제 빙글빙글 돌다가 멈춘 병이 가리키는 사람과 키스하기와 '겁쟁이 게임'이 추가된다. 겁쟁이 게임이란 남자애의 손이 여자애의 다리 사이에서 서서히 위로 올라가는 게임이다. 멈추라는 말을 외치는 여자애는 '겁쟁이'다.

나이를 먹을수록 교훈은 점점 쌓여간다. 학교 안에서만이 아니라 밖에서도 마찬가지다. 열네 살 무렵에는 남자들이 길에서 따라오고, 휘파람을 불고, 소리를 지르고, 캣콜링을 하고, 섹스하자고 제안한 횟수가 셀 수 없을 만큼 많다. 길거리에서 모르는 남자가 다가오면 나는 움찔한다. 인도를 걷다가 남자들로만 이루어진 무리가 보이면 길을 건넌다. 공공장소에서 완전히 안전하다고 느낀 적은 없지만 그 사실을 의식적으로 인지하고 있지는 않고 언제부터 그랬는지 또한 정확히 꼬집어 말할 수 없다. 그냥 그것이 나의 현실이다.

수많은 잡지 기사는 내가 갖고 있는 줄도 몰랐던 결점과 그것을 고치기 위해 해야 할 일에 대해 이야기한다. 여성 주간지 표지는 "수치스러운 여자들"이라는 표제와 함께 유명 여성의 군살이나 똥배에 대한 혐오를 강조한다. 10대 초반에 나는 다이어트 음료를 몰래 사서 학교 책상 서랍에 숨기기 시작하고 매일 매 순간 배에 힘을 준다. 내 체형은 보통이지만 내 몸은 나에게 걱정과 괴로움을 유발한다. 내 인생에서 무슨 일—시험, 친구 문제, 악기 레슨, 학교 연극—이 일어나고 있건 간에 내가 스스로 뚱뚱해 보이지 않나 걱정하지 않는 때는 거의 없다. 나는 밤마다 내 방에 틀어박혀 잡지에서 뜯어낸 "몸짱을 위한 지옥 훈련"에 나오는 운동을 몇 번이고 따라 한다. 휴가를 떠나기 전에는 거의 아무것도 먹지 않는다. 아침, 점심에 콘플레이크 한 줌으로 만족한다. 그 상태로 휴가를 가서 첫 저녁 식사를 하고 나면 내 몸이 기름진 음식에 익숙하지 않아 밤새도록 화장실에서 토하지만 가족들이 눈치채지 않도록 소리를 죽인다.

학교에서는 여학생들만 모아놓고 특별 수업을 한다. 공

격을 당했을 때 "강간범이야!"라고 외치지 말고 "불이야!"라고 외치라고 경찰관이 가르친다. 그래야 행인이 반응할 가능성이 더 높기 때문이다. 그 시간에 남학생들은 아마 축구를 하고 있었을 것이다. 성적 합의나 건강한 연애에 대해 가르치는 수업도 없는데 강간, 강요나 괴롭힘에 대한 수업이 있을 리 만무하다. 그래서 나는 남자애가 내가 원치 않는 행동을 할 때 어떻게 거절해야 하는지, 어떻게 해야 중단시킬 수 있는지 알지 못한다. 그대로 얼어붙는 것 외에는 아무것도 할 줄 모른다. 나중에 변기에 앉았을 때 피가 비쳐도 무슨 일이 있었는지 아무한테도 이야기하지 않는다.

10대 중반에는 가슴에 글귀가 적힌 딱 달라붙는 티셔츠를 입었더니 복도에서 한 남자 선생님이 불러 세워서 내 어깨를 양손으로 잡고는 단어 하나하나를 천천히 신중하게 읽는다. 학교 연극을 할 때 하얀 드레스가 비치니까 슬립을 구입해야 한다고 내가 말하자 또 다른 남자 선생님이 씩 웃으면서 (대부분이 남학생인 연극부원들 앞에서) "하지만 우리는 네 속옷이 보고 싶은걸"이라고 말한다. 또 어떤 남자 선생님은 영어 시간에 여학생의 책상 끝에 걸터앉아서 입술을 삐죽 내밀며 묻는다. "너는 내가 섹시하다고 생각하니?"

열다섯 살 때는 방학 동안 잠시 아르바이트했던 곳의

남자 동료에게서 부적절한 이메일을 받는다. 지배인은 나를 사무실로 불러서, 내가 짧은 치마를 입었기 때문에 이런 불미스러운 일이 일어났다며 질책한다. 이 무렵 거리의 남자들은 나에게 활짝 웃으라고, 안 그러면 '처녀로 늙어 죽을 수도 있다'고 말하기 시작한다. 내가 이미 경험이 있기 때문에 더 이상 공공장소에서 웃지 않는 걸지도 모른다는 생각은 안 드나 보다.

매년 연말에 우리 학교에서는 크리스마스 파티가 열리는데 그 파티에서 여자애들은 똑바로 세운 바나나에 묻은 크림을 핥아 먹는 게임을 한다. 게임이 진행되는 동안 옆에서는 게임 참가자가 누구누구와 이러이러한 성적 행위를 했다는 소문을 낭독하며 폭소한다. 중등학교 6학년 때는 새로 부임한 여자 선생님이 이 의식이 여자애들을 성적 대상으로 끌어내리고 남자애들과의 관계만을 기준으로 정의하게 만든다고 생각해본 적 없느냐고 묻는다. 나는 선생님을 멍하니 쳐다본다. 다른 각도에서 바라보는 게 가능하다는 생각조차 해본 적이 없었기 때문이다. 크리스마스 만찬이 열리는 장소에 도착해보면 이미 모여 있던 남학생들이 시끄럽게 꽥꽥대며 '누가 개를 풀어놨어?'라는 노래를 목청이 터져라 부르기 시작한다.

대학교 사교클럽 모임에서는 여학생들을 일렬로 세워 놓고 외모로 순위를 매긴다. 남학생들은 비싼 와인을 가져온 순으로 원하는 여학생을 파트너로 골라도 되냐고 묻는다. 우리 단과대학에는 여학생 입학이 처음 허용된 날을 애도하기 위해 매년 검은 완장을 차는 교수가 있다. 내 남자친구는 자신이 속한 축구팀의 연말 파티에서 트로피를 받아 온다. 그것은 여자친구에게 너무 "휘둘리는" 선수에게 주어지는 '공처가' 상이다.

대학교를 졸업하기 전까지 나는 성추행을 당하고, 연극 공연에서 상반신 누드로 연기하라는 압박을 받고—나는 꿋꿋하게 공연을 마치지만 끝나고 나서 운다—길거리에서 마주친 두 남자에게 포위당한다. 그들은 나에게 "우리가 네 다리를 벌리고 보지에 우리 물건을 박아줄게"라고 외친다.

한 친척이 내 남동생이 대학에서 어문학을 전공하기로 한 데 실망을 표한다. 쓸모없고 시시한 학문이라는 것이다. 내가 나도 영문학을 전공했다고 대거리하자 그 친척이 웃는다. "네가 뭘 전공했는지는 중요치 않아. 너는 여자니까."

내가 연기를 막 시작해서 오디션장을 전전할 때의 일이다. 한번은 상의를 벗어보라는 말을 듣고, 또 한번은 다른 여성 참가자와 함께 어두운 방에 들어가서 캐스팅감독이

만족할 때까지 오르가슴 소리를 점점 더 크게 내라는 요구를 받는다. 오디션을 보러 갔던 어떤 광고에서는 한 남자가 현관 앞에 앉아서 맥주를 마시고 있는데 그의 무릎을 덮은 담요 밑에서 웬 여자가 불쑥 나타나서 지금껏 그에게 펠라티오를 해주고 있었음을 암시한다. 또 다른 오디션에서는 젊은 남자 배우와 짝을 이뤄 연기하는데 남자들이 고급 스파에서 바가지를 긁고 다이어트에 집착하는 아내들로부터 벗어나 자유를 (그리고 물론 시원한 맥주를) 찾기 위해 포크와 스푼으로 땅굴을 파서 탈출하는 내용이다. 내가 그 대본이 성차별적이라고 말하자 내 파트너는 짜증을 내면서 대본이 완전히 현실적이라고, 자기가 아는 모든 부부가 저렇다고 말한다.

런던으로 이사 온 후에는 내 거절을 받아들이지 못한 남자가 집까지 따라온다. 거리의 행인들은 큰 소리로 내 가슴을 품평하고 내 질에 대해 이러쿵저러쿵한다. 지하철에 타고 있을 때는 역을 출발하는 열차를 남자애들이 따라오면서 창문을 쾅쾅 두드리며 나에게 뭐라고 소리친다. 공공장소에서 모르는 남자가 가까이 와서 앉더니 겉옷 밑으로 자위를 한 적도 두 번 있다. 한 번은 쇼핑센터, 한 번은 버스에서다. 그들은 뭐라도 해보라고 부추기는 것처럼 내 눈을 뚫어져라 쳐다본다. 나는 또다시, 이번에는 버스에서 성추행을 당한다. 이 남자가 지금 나를 성추행한다고 외치지만 아무도 도와주지 않는다.

행인이 내 신체 부위를 놓고 성희롱한 적은 너무 많아서 다 적을 수도 없다. 한번은 어두운 거리에서 한 남자가 내 옆을 지나치다가 자기 친구에게 "저 정도면 칼 들이댈 만하네"라고 말한 적도 있다. 또 다른 날에는 조용한 길을 걷고 있는데 지나가던 승합차가 속도를 줄이더니 안에 탄 남자들이 옆문을 열고는 나를 잡아채서 차에 태우는 시늉을 한다. 나는 그것이 '장난'인지 아닌지 알지 못한 채 냅다 뛴다. 안전한 곳에 도착하고 나서까지도 덜덜 떨리지만 내가 그런 반응을 보인 데 수치심을 느낀다. 결국은 '아무 일도 일어나지 않았'기 때문이다.

이 모든 일은 서로 연관되어 있다. 모두 내가 여자애이기 때문에, 나중에는 성인 여자이기 때문에 일어난다. 그리고 대부분이 나에게는 완전히 평범해 보인다. 내가 일상 속 성차별 프로젝트를 시작하면서 점과 점을 연결하게 된 것은 이런 어린 시절의 경험이 있었던 때로부터 20년도 더 지난 후의 일이다.

이 목록이 충격적으로 들릴지 모르지만 사실은 그렇지

않다. 이 목록은 평범하다.

이것은 불완전한 목록이다. 내가 전에 언급했던 내용도 있고, 언급하지 않았던 내용도 있다. 괜찮다. 나도 모든 경험을 공유할 마음의 준비는 되어 있지 않다. 꼭 그래야 할 필요도 없다. 당신도 원하지 않는다면 당신의 목록을 공유할 필요가 없다. 하지만 스스로 목록을 작성해보는 것은 도움이 될 수 있다.

당신이 여성이라면 이런 목록을 가지고 있을 가능성이 높기 때문이다. 그것은 내 것과는 전혀 다를 수도 있다. 그리고 인종차별, 동성애 혐오, 연령 차별, 계급 차별, 장애인 차별, 트랜스젠더 혐오, 무슬림 혐오, 반유대주의나 그 밖의 편견과 뒤섞였을 가능성이 높다. 당신이 그것을 분명하게 의식하고 있을 수도 있고, 지금까지 한 번도 생각해본 적이 없을 수도 있다. 그렇다고 해서 그것이 가짜라거나 당신에게 영향을 미치지 않았다는 뜻은 아니다. 그것에 대해 생각하는 것만으로도 충격을 받을 수 있다. 당신은 이미 겪은 일에 왜 새삼 충격을 받겠냐고 생각할 것이다. 하지만 우리는 너무 많은 것을 억누르고, 받아들이고, 참고, 수용하고, 감내하라고 배우기 때문에 기억을 떠올리는 것조차 시간이 필요하고 때로는 고통스러운 일일 수 있다.

목록에 제일 먼저 적어 넣는 것은 명백한 사건들, 즉 금방 머릿속에 떠오르는 것 또는 두드러지는 것이다. 하지만 오래 생각하면 할수록 더욱더 많은 것이 떠오르고 의문이 생길 가능성이 높다. 작은 일들. 정말 쓰라렸지만 과민하게 굴지 말자고 스스로를 납득시켰던 일들. 다른 사람들이 당신에게 유난 떨지 말라고, 오해하지 말라고 했던 일들. 사소한 일들. 상대방에게 악의가 없었음을 당신도 아는 일들. 자신 있게 판단을 내릴 수 없었던 일들. 내 상상인가? 내가 아무것도 아닌 일에 유난을 떠는 건가? 정말 그런 일이 있었던 게 확실한가? 당신의 목록에는 오랫동안 묻어뒀던 항목들, 의심스러운 일들이 있을 것이다. 그 일들을 다시 수면으로 끌어내는 것은 고통스러울 수 있다. 기억을 떠올리려고만 해도 다른 사람들의 목소리, 그 일을 묵인하고 축소하는 목소리가 들릴 것이다. 내 잘못인가? 내가 그 일을 초래할 만한 행동을 했나? 내가 그를 오해하게 만들었나?

당신이 이런 질문을 스스로에게 던지는 이유는 그런 질문을 평생 들어왔기 때문이다. 당신이 요구했나요? 과장하는 건 아닌가요? 확실합니까? 정말로 일을 크게 만들고 싶은 건가요?

똑같은 일을 평생 반복해서 경험해왔을 경우에는 그것

이 평범하지 않은 일, 잘못된 일임을 인식하는 것은 고사하고 직시하는 것조차 어려울 수 있다. 특히 그 일을 인정하거나 이야기하거나 신고하는 대신 무시하라고 훈련받고 유도되고 심지어는 압력까지 받아왔다면, 또 다른 사람들이 마치 그게 평범한 일 혹은 웃긴 일 혹은 당신 잘못인 것처럼 반응해왔다면 더욱 어렵다. 수치심과 함구라는 엉킨 타래를 푸는 것은 대단히 힘든 일일 수 있다.

2012년 초 일주일 동안 나는 우연히 이런 사건을 연달아 경험했다. 지나가던 행인이 나에게 소리를 질렀고, 어떤 남자가 뒤따라오면서 성희롱을 했으며, 버스에서는 또 다른 남자가 부적절한 신체 접촉을 했다. 그때마다 나는 늘 해왔던 방식으로 대응했다. 무시하려고 했다. 수치심과 분노로 인한 열기가 목을 타고 올라오는 것이 느껴졌다. 낯익은 공포와 함께 심장박동이 빨라졌다. 나는 앞만 보면서 버스에서 내려 집까지 걸어갔다. 아무에게도 말하지 않았다. 신고할 생각은 꿈에도 안 했다. 하지만 처음으로 점과 점을 연결했다. 이 사건들이 서로 연관되어 있음을 깨달았다. 그렇게 짧은 간격을 두고 일어나지 않았다면 그중 어느 것에 대해서도 두 번 다시 생각하지 않았을 것임을 알게 되었다. 이런 일이 흔하다는 사실을 깨달았다.

나는 내 목록에 대해, 내가 오랫동안 (대학교에서, 아르바이트 장소에서, 학교에서, 공공장소에서) 이런 경험을 얼마나 많이 했는가에 대해 생각했다. 내 삶이 오직 내 성별 때문에 공포, 학대, 괴롭힘, 차별로 얼룩지는 것이 정당한가라는 의문을 처음으로 품었다. 그리고 이런 사람이 과연 나 혼자일까 생각했다. 그래서 다른 여자들에게 그들의 목록에 대해 물어보고 다니기 시작했다. 한 친구는 이 질문을 받기 직전에 성희롱을 당했다. 또 다른 친구는 남자 동료들이 자신만 빼고 스트립 바에 가서 접대를 하기 때문에 매주 계약을 놓친다고 말했다. 세 번째 친구는 업무차 행사에 참석했을 때 보안 요원이 자신의 입장권만 재차 확인하고 여기에 무슨 일로 온 거냐고 추궁하면서 그 기회를 이용해 음흉한 시선으로 쳐다봤다고 했다. 반면에 그녀의 백인 동료들은 아무런 제지 없이 들여보냈다. 그녀가 경험한 인종차별은 성차별과 불가분하게 뒤섞여 있다.

내가 목록에 관해 물었을 때 대부분의 여자들은 깜짝 놀랐다. 아무도 그런 질문을 받아본 적이 없다고 했다. 또 많은 경우 "아무한테도 말해본 적 없어요"라고 말했다. 이유를 묻자 대답은 거의 한결같았다. "평범한 일상이니까요."

나는 그것이 더 이상 일상이어서는 안 된다고 생각했

다. 우리가 그것에 대해 침묵을 지켜서는 안 된다고 생각했다. 평생 그렇게 하라는 가르침을 받아왔더라도 말이다. 그래서 그로부터 한두 달 후에 일상 속 성차별 프로젝트를 시작했다. 그것은 사람들이 자기 이야기를 올릴 수 있는 아주 단순한 웹사이트였다. 성 불평등에 관한 온갖 종류의 이야기들. 성차별적인 농담. 길거리에서 일어나는 성희롱. 직장 내 차별. 성추행. 나는 쉰 명 정도가 이야기를 올릴 거라고 예상했다. 그러나 이 글을 쓰고 있는 지금, 세계 각지에서 20만 개가 넘는 글이 올라와 있다.

처음에는 하나하나가 전혀 다른 이야기처럼 보였다. 한 여자는 상사의 성희롱에 겁먹어서 이직할 자리를 구하지도 않고 직장을 그만뒀다. 어느 성 노동자는 강간을 신고하려다가 경찰관에게 비웃음을 샀다. 한 흑인 여성은 콘퍼런스에서 기조연설을 할 준비를 하던 중에, 그녀를 웨이트리스로 착각한 참가자들로부터 다과를 갖다달라든가 화장실이 어딘지 가르쳐달라는 요구를 받았다. 어느 장애인 여성은 공공장소에서 지팡이로 폴 댄스를 춰보라는 말을 들었다. 한 여학생은 교복을 입고 학교에 가던 도중에 성인 남자들이 자신을 향해 외치는 말을 알아듣지 못했다. 너무 외설적인 표현이었기 때문이다. 어느 젊은 여성은 길을 걷고 있는데 차에 탄 두 남자가 캣콜링을 하기에 무시했더니 그들이 차를 끽 세우고는 그녀를 납치하려 했다. 한 여자 의사는 남자 상사에게 엑스레이 해독을 도와달라고 부탁했다가 뒤에서 성추행을 당했다. 열두 살, 열여섯 살 자매는 공원에서 소풍을 즐기고 있는데 한 남자가 다가와서 자신의 성기를 보여줬다. 젊은 무슬림 여성은 자신이 받은 학대를 공개적으로 밝혔다가 가족의 '명예'를 더럽혔다는 비난을 당했다. 사립 가톨릭 학교에 다니는 여학생들은 낙태를 선택함으로써 아기를 죽이는 '사악한' 여자들에 대한 설명을 억지로 들어야 했다. 한 여대생은 교수로부터 "자네는 입 다물고 있을 때 더 예뻐"라는 말을 들었다.

경험담이 쏟아져 들어오기 시작하자 다양한 억압의 형태 사이에 겹치는 부분이 많다는 사실이 명백해졌다.(이러한 겹침 및 상호작용을 '교차성'이라고 하는데 이 용어를 만든 사람은 변호사이자 학자이자 여성운동가인 킴벌리 크렌쇼 교수다.[1]) 제도적 인종주의. 제도적 장애인 배제. 이성애 규범성.• 계급 장벽. 비만 혐오. 종교, 성정체성, 정신 건강, 체류 자격을 이유로 한 편견. 지금은 고인이 된 작가이자 교수이자 여성

• 이성애만이 정상이라고 생각하는 태도.

운동가인 벨 훅스의 표현에 따르면 "백인우월주의적·자본주의적 가부장제."[2] 훅스는 이 용어를 "우리의 현실을 정의하는 연동적 지배체제…… 이 모든 것이 실제로 우리 삶의 매 순간 동시에 작동하고 있다고 말하는 손쉬운 방법"이라는 의미로 사용한다.

한 흑인 여성은 남자의 성적 접근을 거절했다가 "깜둥이"라 불리고 "우리 나라에서 꺼져"라는 명령을 들었다. 어느 트랜스젠더 여성에게 캣콜링과 성희롱을 하던 남자들은 그녀가 트랜스젠더임을 알아차리자마자 물리적 폭력을 행사했다. 한 필리핀 여자는 남자에게서 "당신은 귀엽지만 나는 황인종을 별로 안 좋아해"라는 말을 들었다. 학교 복장 규정[3]은 화려한 히잡에서부터[4] 흑인 여학생들의 헤어스타일에 이르는[5] 모든 것을 부당하고 차별적으로 단속한다. 무슬림 여자들은 데이트 앱에서 여성혐오와 무슬림 혐오의 융단폭격을 받는다. 남자들은 그들에게 "네 부르카를 풀어 헤치고 뇌관을 제거하고 싶어" 같은 말을 한다. 장애인 여성들은 남자들로부터 장애에 대한 자세한 의학적 설명을 요구당하거나 성생활에 관한 부적절한 질문을 받는다. 한 남자는 "적어도 비장애인 남자가 너한테 관심을 가져줬으니" 성희롱 당하는 걸 고마워하라고 말하기도 했다. 레즈비언들은 "기분 나쁜 남자에게 내가 레즈비언이라고 하면 그것을 거절이 아니라 스리섬을 할 기회로 받아들이고 '괜찮아, 자기야, 나는 옆에서 보기만 해도 돼'"라고 말하는 남자들이 지긋지긋하다. 한 여자는 파티에서 만난 남자에게 자기가 레즈비언이라고 말했더니 그 남자가 자기 성기를 꺼내면서 "그럼 손만 빌려줘"라고 말했던 것을 기억했다. 하지만 그녀의 친구는 그 이야기를 믿지 않았다.

이 이야기들을 살펴보면 편견의 경험이 얼마나 상호 밀접하며 누적적인지 알 수 있다.

> 나는 헐렁한 원피스를 입고 머리에 스카프를 둘러서 손과 얼굴을 제외한 전신을 가린다. (내 친구들은 대부분 무슬림이 아니기 때문에 나처럼 가리지 않음에도 불구하고) 내가 스스로 이런 복장을 선택한 이유는 그것이 나의 가치관과 정체성을 표현한다고 생각하기 때문에, "그래요, 난 이슬람교도예요!"라고 당당하게 말하고 싶기 때문이다. 얼마 전 학교에 가는데 덩치 큰 남자가 내 앞을 가로막았다. 나는 조금 당황했고 그가 하는 말을 들을 수 없었기 때문에 헤드폰을 벗었다…… 그는 이렇게 물었다. "영어 할 줄 알아요?" 나는 그렇다고 대답했다. 그가 도

움이 필요하거나 길을 묻거나 구걸을 하려나 보다 생각했기 때문이다. 그러나 내가 대답하자마자 그는 내 얼굴에 대고 소리를 지르기 시작했다. "영어를 할 줄 아는데 그러고 다녀? 뭐 하는 거야? 내가 말해주지. 너는 멍청한 년이야. 그래, 아주 멍청한 쌍년이라고!"

일상 속 성차별 프로젝트 사이트에 게시물이 올라오면 나는 밤늦게까지 하나하나 다 읽고 전체 공개로 돌릴지 말지를 결정한다. 욕, 강간 및 살해 협박이 하도 쏟아져 들어와서 사전검열 시스템으로 바꿀 수밖에 없었기 때문이다. 나는 성차별, 성희롱, 폭행과 나를 강간해서 이 사이트를 닫게 만들겠다고 협박하는 남자들의 태도가 서로 연관되어 있음을 깨달았다. 그 남자들은 거기에 담긴 모순을 알아차리지도 못했다. "나의 성차별적인 폭언으로 이 세상에는 성차별이 존재하지 않는다는 것을 보여줄게." 내가 죽었으면 좋겠다는 남자들, 이런 사이트를 운영하는 나는 엄청나게 못생겼을 게 분명하다는 남자들, 나를 찾아내서 가구나 무기를 내 몸속에 욱여넣겠다고 협박하는 남자들. 그들이 바로 여성혐오의 일부다. 그들이 바로 내가 폭로하려 한, 일상화되고 만연한 여성혐오의 증거다. 그리고 그 둘은 서로 불가분의 관계다.

그 둘은 여성에 대한 성적 대상화와 성희롱과 억압이 흔한 사회, 대개 백인 이성애자 비장애인 남성의 우위와 특권이 공고한 사회에서만 나타난다. 우리는 이런 이야기들이 개인의 문제라고, 사적이고 우연한 목록이라고 생각해왔다. 하지만 사실은 그렇지 않았다. 그것들은 서로 연결되어 있었다. 그 말은 우리가 아니라 시스템이 문제라는 뜻이었다.

10년 전에 이 사이트를 만든 이래 나는 수많은 여자의 목록을 들어왔다. 버스에서 급하게 휘갈긴 목록. 공중화장실에서 웃으면서 쓴 목록. 혼자 울면서 쓴 목록. 우리 사이트에 올린, 수천 단어에 달하는 목록. 도서 행사가 끝난 후에 10대 소녀가 내 귀에 속삭인 목록. 그 아이는 앞에 나설 용기, 마음의 짐을 나눌 용기를 내기 위해 다른 사람들이 모두 사라질 때까지 기다렸다. 어느 누구도 그렇게 기나긴 목록을 감당해선 안 되는데 하물며 이제 겨우 열네 살인 소녀는 말해 무엇하겠는가. 이 세상에 똑같은 목록은 하나도 없다.

하지만 나는 여자의 성장 배경이나 인생 경험과 관계없이 모든 목록에 공통점이 많음을 알아차렸다. 우선 목록을 전달할 때의 사과하는 듯한, 의구심 가득한 말투. "나는 내가 얼마나 운이 좋았는지 안다" 또는 "더 심한 일이 일어났을 수도 있었다"라는 말. 갑자기 떠오르는, 반쯤 잊힌 혹은 억지로 묻어버렸던 다른 사건들에 대한 기억. 자기 목록의 진실성을 나에게 인정받고 싶어한다는 점. 그들은 타인의 권위라는 절대적 증거가 그들에게 슬퍼하고 한탄하고 화낼 권리를 허락해주길 갈망한다. 지금껏 자기 자신을 믿지 않도록 체계적으로 훈련받아왔기 때문이다. 또 이 목록에 대해 아예 생각하지 않도록, 목록을 만들지 않도록, 목록을 세지 않도록, 점과 점을 연결하지 않도록, 각각을 독립 사건으로 생각하도록, 혹은 차별이나 학대의 경험이라 믿지 않도록 훈련받아왔다.

우리가 제일 먼저 취해야 할 가장 작고 간단하고 시급한 저항의 행동은 목록을 만드는 것일지도 모른다. 앉아서 생각하고 써라. 스스로 느껴라. 행인들의 무관심 혹은 당신이 사랑하고 믿는 사람들의 일축으로 인해 잊고 잃어버리고 도둑맞은 순간들이 더욱더 많이 있음을 깨닫고 분노해라. 그 순간을 되찾아라. 각각의 경험이 더 큰 이야기의 일부임을 깨달아라. 그것은 "단순한 오해"가 아니다. "그냥 칭찬"이 아니다. "과잉 반응"이 아니다. "곡해하는 것"이 아니다. “남자들이 다 그렇지”가 아니다. 성희롱이다. “친근감의 표시”나 “장난”이 아니다. 성추행이다. “당신이 완전히 동의하지는 않은 섹스”가 아니다. 강간이다. 당신이 원치 않으면 그런 꼬리표를 붙이지 않아도 되지만 결정하는 사람은 당신이다.

당신의 목록을 만들어라. 그것은 당신의 이야기다. 그것으로 뭘 할 건지는 당신에게 달렸다. 하지만 그 누구도 좋은 의도 또는 성차별적이고 구시대적인 핑계로 그것을 당신에게서 빼앗아 가거나 부정하거나 무시하거나 묵살하거나 없애서는 안 된다. 그것은 당신의 것, 당신만의 것이다. 그것은 진짜다.

그리고 그것은 중요하다. 우리가 이 목록들을 우리의 역사, 우리의 유산, 우리의 일부로 간주하기 시작하면 그것의 어마어마하고 방대한 영향력을 볼 수 있기 때문이다. 그것이 어떻게 우리 이야기에 침투하는지, 그 영향력이 원래 사건의 영향력보다도 얼마나 멀리까지 뻗어 나가는지를 보게 된다.

마흔아홉 살 여자인 나에게는 이야깃거리가 너무 많아서 어디서부터 시작해야 할지 모르겠다. 많은 여자들이 여기서 용감하게 공개한 것 같은 끔찍한 성폭력은 아니고 그저 평생 남자들에게 괴롭힘당한 이야기다. 우선은 나보다 어린 여자들에게 미안하다는 말부터 하고 싶다. 내가 이 모든 것을 말없이 참아서, 대부분 신고하지 않아서, 나에게 일어난 일을 소리 내어 외치지 않아서 미안하다. 내가 그렇게 침묵을 지킨 탓에 여러분에게 더 나은 세상을 만들어주지 못했다. 이런 행동들이 당시에는 당연시되었고 내 친구들도 모두 겪은 일임을 이해해주기 바란다. 너무 당연해서 친구들끼리 거기에 대해 이야기를 나눈 적도 거의 없다…… 이것은 정상이 아니다. 이 중 어느 것도 정상이 아니다. 나는 내 딸에게, 여러분 모두에게 더 나은 세상을 원한다.

정말 기이한 것은 우리가 묵살이라는 믿기 힘든 위업을 이룩한 사회에서 살고 있다는 사실이다. 끝이 보이지 않을 정도로 기나긴 이야기 목록을 거의 모든 여자가 가지고 있는 사회. 하지만 대부분이 그 이야기 속에서 완전히 혼자라고 느끼는 사회. 너무 어렸을 때부터 너무 효과적으로 침묵당한 나머지, 자신이 혼자가 아니라는 사실을 깨닫지 못하는 사회. 그것은 우리를 억압하는 강력한 방법이다. 내가 혼자라고 생각하는 한 내가 틀릴 수도 있다고, 내 상상일 수도 있다고, 내 탓일 수도 있다고, 내가 과민한 것일 수도 있다고 생각하기 쉽기 때문이다. 내가 뭔가 잘못했을 수도 있다고, 자초한 것일 수도 있다고, 운이 나빴다고, 재수가 없었다고 생각하기 쉽기 때문이다. 한마디로 그것은 우리 경험이 시스템 문제라는 사실을 깨닫기 어렵게 만든다. 시스템을 볼 수 없다면 그것과 싸우는 것도 불가능하다.

시간이 흐를수록, 이야기 개수가 아주 느리게 100개에서 1000개에, 1000개에서 1만 개에 가까워질수록 내 눈앞에서 뭔가가 번뜩이기 시작했다. 독특해 보이는 하나의 이야기에서 뻗어 나온 덩굴손이 다른 이야기와 이어졌다. 서로 현격하게 다른 사건들 사이에 연결이 생겨났다. 색색의 전선처럼 이야기들을 잇는 선이 일상 속 성차별 프로젝트의 데이터베이스를 종횡으로 가로지르며 20만 명의 경험을 중복적으로 연결하자 마침내 그것이 개별적 이야기의 모음이 아닌 패턴으로 보이기 시작했다. 그것은 등고선과 고속도로와 우회로가 있는 지도, 지류들이 모여 강을 이루고 그 강들이 모여 홍수를 일으키는 지도였다.

최악의 경우에는 완전히 무시하라고 종용받고, 최선의 경우에도 각각이 '별개'의 문제라고 생각하게끔 훈련받는 이 사건들은 보다 큰 스펙트럼의 일부다. 여기에 하나의 연속체가 있다. 한끝에는 성 불평등, 선정적인 휘파람, 캣콜링, 성적인 농담, 성 편향적 언어, 싸잡아 말하는 고정관념이 있고 반대쪽 끝에는 강간, 가정폭력, 강제 결혼, 여성할례, '명예'살인이 있고 그 사이에는 모성 차별, 직장 성희롱, 남녀 임금격차 등이 있다. 이 다양한 문제들에 '순위를 매기'거나 비교하려는 것은 아니다. 단지 이 모든 것을 연결하는 관계성과 복잡한 맥락을 인식하려는 것이다. 우리는 '사소한' 문제가 중요한 것처럼 얘기할 수 있어야 한다. 왜냐하면 실제로 중요하기 때문이다. 우리가 이야기하지 않는 수천 개의 '작은', '중요하지 않은' 사건과 연결된 사소한 태도와 행동이야말로 더 심각한 학대의 토대이기 때문이다.

우리는 자기 삶 안에서 점과 점을 연결하지 못하듯 사회 차원의 연관성도 보지 못한다. 그러나 거기에 대해 생각하면 할수록 형법 제도를 언급하지 않으면서 성폭력 같은 문제에 대해 유용한 대화를 할 수 있다고 믿는 것이 터무니없음을 알게 된다. 또한 권력과 통제의 뿌리가 아동기에 시작될 뿐 아니라 정치제도의 역학 관계에서 명백히 드러난다는 사실을 인정하지 않으면서 가정폭력에 대해 완전한 논의를 한다는 것이 터무니없음을 알게 된다. 교육에 대해, 학교에서 일어나는 일에 대해 이야기하지 않으면서 강간에 대한 대화가 가능하다고 생각하는 것이 터무니없음을 알게 된다.

각각의 사례를 배경과 분리해서 볼 경우, 마치 강간 피해자 한 명이 피해자 전체를 대표하고 모성 차별의 한 예가 다른 예들과 똑같은 것처럼 모든 사례가 균일화되어버린다. 실제로는 여성 개개인이 처한 복잡한 상황과 다양한 시스템이 삶에 미치는 영향에 따라 그녀가 경험하거나 필요로 하는 것이 전혀 다를 수 있는데 말이다. 어떤 여자는 부부 강간을 당했지만 가학적 관계에서 벗어나지 못한다. '교정'강간을 당한 레즈비언 난민은 자신을 믿지 않는 이민 당국을 납득시켜 체류 허가를 받기 위해 필사적으로 노력한다. 학교에서 강간당한 여학생은 동급생들에게 걸레라 불리며 괴롭힘을 당한다. 성 노동자는 그녀의 직업 때문에, 강간을 당해도 암묵적으로 동의한 것이 아니냐는 이야기를 듣는다. 남자는 강간당했다고 공개적으로 말하는 것이 남자답지 못한 행동으로 간주되어 사람들의 도움을 얻지 못한다. 열다섯 살 가출 소녀가 강간을 당하면 당국은 그녀가 "스스로 그런 삶을 선택"했기 때문이라며 무시한다. 그렇다, 이는 모두 강간 사례다. 그러나 강간이라는 단어만으로 표현하기에는 훨씬 더 복잡하다. 우리가 점과 점을 연결할 수 없다면, 여기에 영향을 미치는 다양한 시스템과 불평등을 인식할 수 없다면, 한 분야에서의 억압이 다른 분야에서의 여성 대우에 영향을 미친다는 것을 증명할 수 없다면, 어떻게 앞으로 나아갈 수 있겠는가?

하지만 사람들은 이런 연관성을 보고 싶지 않은 듯하다. 내가 라디오에서 여성 정치인들이 직면하는 어려움에 대해 이야기해달라는 요청을 받았을 때 언론매체의 성차별을 언급한다면 논점에서 벗어났다고 질책당할 것이다. 실제로 성폭력에 대한 칼럼을 쓸 때 영국 교과과정에서 성 고정관념을 다루지 않는다는 내용을 넣었다가 담당 편집자로부터 논점을 벗어나지 말라는 충고를 들었다. 페미니즘의 역사에 관한 라디오 토론에 나갔을 때는 유색인 여성 패널이 한 명도 없었으며 토론 내용도 오직 중산층 백인 여성의 경험만을 다뤘다.

이런 경험에 대해 자유롭게 이야기할 수 있다면 서로 다른 경험들 간의 명백한 연관성을 깨닫는 순간 어마어마하고 가슴 벅찬 카타르시스를 느낄 수도 있다. 한 노인 여성은 타자기로 쓴 편지에서, 지난 수십 년간 고통스러운 수치심을 느껴왔는데 우리 사이트에서 다른 여자들의 이야기를 읽고는 그제야 성추행을 당한 것이 자기 잘못이 아니었음을 깨닫고 안도했다고 말했다. 책 사인회에 왔던 학대 생존자는 떨리는 몸으로 눈물을 흘리면서 자신의 이야기를 들려줬다. 몇몇 여자들에게서 내 경험과 완전히 똑같은 이야기를 들었을 때 나는 조용히 눈물을 삼켰다. 지금 이 순간에도 주위를 둘러본다면 이제껏 자신만의 개인적인 불행이라고 느껴왔던 것이 사실은 구조적 억압에 의한 여자들의 공통된 경험임을 깨닫고 충격을 받을 수도 있다.

이를테면 당신이 매일 자신의 안전을 지키기 위해 행하는 의례의 기나긴 목록을 다른 여자들과 비교해보는 것이다. 열쇠를 손마디 사이에 송곳처럼 끼우기, 집에 무사히 도착했다고 문자 보내기, 술집에서 누가 내 술에 약을 타지 못하도록 술잔 위를 손으로 덮기 등등. 그리고 우리 모두가 똑같은 행동을 해왔음을 깨닫고 분노를 느낀다. 그러나 이 목록에 대해 남자들에게 이야기하면 그들은 어이없게도 우리가 무슨 얘기를 하는지 전혀 알아듣지 못한다…….

혹은 원치 않는 좆 사진을 전송받았을 때 어떻게 대처하는가에 대해 여자친구들과 가벼운 대화를 나눈다. 어떤 친구는 삭제하고 차단하고 잊는다. 어떤 친구는 다음번에 또 그런 사진을 받았을 때 답장에 쓰기 위해 그 사진을 저장한다.("왜냐하면 이 인간은 좆 사진을 좋아해서 이러는 거잖아, 안 그래?") 어떤 친구는 보낸 사람의 프로필을 클릭해서 그의 어머니에게 자신이 받은 메시지를 그대로 전달한다. 어떤 여자에게 지난 1년 동안 이런 사진을 몇 번이나 받았느냐고 묻는다면 아마 열 손가락이 모자랄 것이다. 그러나 남자에게 최근에 원치 않는 여자 성기 사진을 몇 번이나 받았느냐고 묻는다면 그는 정신 나갔냐는 표정으로 당신을 쳐다볼 것이다. 이것은 우리가 매일 접하는 성차별, 성희롱, 성적 괴롭힘의 또 다른 예일 뿐이다. 우리는 여기에 너무나 익숙해져서—이런 장애물을 피하고 건너뛰고 넘어서는 데 너무 숙달돼서—그것을 매일 본다는 사실조차 깨닫지 못한다.

어쩌다 이렇게 되었을까? 어떻게 우리는 이런 경험의 지대한 영향을 받는 동시에 그것을 보지 못하는 지경에 이르렀을까? 어째서 다른 여자가 말해줘야만 자기 생각이 타당하다는 사실을 깨닫는 경우가 이렇게 많을까?

사실 그것은 우리와 전혀 상관이 없다. 우리를 둘러싼 세상과 그 세상이 빚어진 방식과 관련이 있다. 나는 조직적 변화, 즉 문제를 확인하고 인정하는 데서 시작해 조직 차원의 해결이 필요한 다섯 가지 생태계를 확인했다. 그것은 교육계, 경찰계, 사법계, 정치계, 언론계다. 이 각각의 분야에는 구조적 불평등이 만연하다. 성차별은 당연시되며 우리 문화의 성 불평등에 의해 악화된다. 또 여성을 향한 일상적인 태도와 행동 양식은 우리가 문제의 규모를 알아차리지 못하게, 그것이 우리 사회의 근간에 얼마나 깊이 뿌리박혀 있는지를 알아차리지 못하게 만든다. 앞으로 나아가기 위한 유일한 방법은 이 모든 기관들을 망라하는 철저한 개혁을 수용하는 것이다. 현 시스템이 정상이라고, "세상의 이치"라고, "잘못된 게 없다"고 생각하는 사람은 상상조차 못할 대담한 혁신이 필요하다. 여자가 아니라 시스템이 문제라는 사실을 인정하기 전까지는 아무것도 바뀌지 않을 것이다.

시초

우리는 거의 태어날 때부터, 남자는 공격적이고 지배하는 것이 당연하고 여자는 예쁘고 순종적인 것이 중요하다는 인식이 당연시되는 세상에서 교육받고 사회화된다.

이 메시지는 도처에서 발견된다.

여름 캠프에서는 세 살부터 열 살까지의 여자애에게는 '예의범절'을 가르치는 "신부" 수업을, 남자애에게는 '실용적인 생활 기술'을 가르치는 "미래의 주인공을 위한 미니 경영" 수업을 제공한다.

영국 유수의 상점 체인에서는 "예쁜이"라는 이름의 여학생용 구두와 "리더"라는 이름의 남학생용 구두를 판매한다.[1]

첫돌 남아용 생일 카드에는 활동적인 "올스타"라는 단어가, 여아용 카드에는 "귀여운"과 "착한"이라는 단어가 적혀 있다.

유명 전자제품점의 '게임 체험' 코너에서는 남아용으로는 "건 슈팅 게임"을, 여아용으로는 "얼음 나라 인어 공주 미용실"을 제공한다. 또 다른 플랫폼은 남아에게는 "오토바이 경주" 게임을, 여아에게는 "스타일 변신" 게임을 제공한다.

도시락 가방도 남아용에는 "용감한 기사"가, 여아용에는 "완벽한 공주"가 그려져 있다.

아까 그 카드 판매점의 남학생용 졸업 축하 카드에는 "너는 세상을 바꾸는 사람이 될 거야"라는 문구가, 여학생용 카드에는 "자기 자신을 아는 여자는 찾기 어렵다"라는 문구가 적혀 있다.

항공사 기념품 상점에서는 남아용 선물로는 조종사 티셔츠가, 여아용 선물로는 승무원 원피스가 판매된다.

심지어 아이에게 단어를 가르치기 위한 냉장고 자석조차 불필요하고 유해할 정도로 성 편향적이다. 남아용으로 만들어진 파란색 자석에는 진흙, 흙, 개구리, 헬리콥터, 마법사, 자동차, 용, 공룡 같은 단어가 있는 반면에 여아용에는 옷, 머리띠, 마음, 사랑, 반짝임, 향수, 보풀, 공주, 요리가 있다.

이것은 과연 언제부터 시작될까? 일단 아기가 침을 흘리기 시작하면 성 편향적 턱받이가 제공된다. 남아용에는 "천재 소년"이라고 적혀 있고 분홍색 여아용에는 "셀카 준비 완료"라고 적혀 있다. 이 아기가 걷는 법을 배우기도 전부터 대형 의류 회사는 부모에게 권한다. 여자아이에게는 "사진 찍을 때나 빙글빙글 돌 때 안성맞춤인 드레스"를, 남자아이에게는 "작은 무릎을 보호"하기 위한 "기는 아기용" 바지를 사주라고. 아기가 아장아장 걷기 시작하면 대형마트는 여아용 바지를 광고한다. "꼬마 공주님을 위한 완벽한 선물…… 화사한 파스텔색을…… 입으면 너무 귀여울 거예요." 한편 남자 아동복 코너에서는 이렇게 홍보한다. "활동적인 꼬마 사나이에게는 움직이기 편한 옷이 필요합니다. 저희가 판매하는 남아용 바지를 입으면 아기가 마음껏 신나게 돌아다닐 수 있습니다." 아이가 자전거를 타기 시작할 나이에 다다르면 유명 자전거 판매점은 "예쁘게 꾸미고 자전거 타기를 즐기는 사랑스러운 소녀에게는…… 분홍색 하트가 그려진 헬멧"을 제안하는 반면에 "활동적이고 멋있는…… 뛰어놀 준비가 된 소년"에게는 "파란색 불꽃이 그려진" 헬멧을 제안한다.

최근 몇 년간 같은 체인점에서 판매된 아동용 티셔츠, 내복, 잠옷에 적힌 문구를 보자.

남아용 티셔츠에 실제로 사용된 문구	여아용 티셔츠에 실제로 사용된 문구
꼬마 학자	인기쟁이
엄마의 꼬마 병사	엄마의 귀염둥이
돌격대원	누구에게나 친절하게
슈퍼히어로가 되어라	아빠는 나의 슈퍼히어로
꼬마 천재	공주 견습생
키는 작아도 생각은 크게	키는 작아도 미소는 크게
성의 주인	작고 예쁜 나
영웅	미녀
틀에서 벗어난 생각을 해라	나는 멋쟁이
나는 최고다!	내 다리는 무 다리
이 치명적인 매력남을 조심하세요	내 엉덩이가 뚱뚱해 보이나요?
달리기, 점프, 재주넘기, 한 번 더	머리 묶기 시도, 실패, 수정, 재시도
미래의 슈퍼맨	나는 슈퍼히어로만 만나요

이런 문구에 영향을 받는 것은 여자아이들만이 아니다.

남자아이들을 겨냥한 문구와 메시지는 그들이 독립적이고 강하고 힘세야 하며, 여자아이들과 달리 부모의 사랑이나 포옹이나 뽀뽀를 받을 자격이 없고, 연약함과 감정을 내보이거나 도움을 청해서는 안 된다고 반복적으로 암시한다. 이 모든 메시지를 통해 이르게 되는 결론이 절망적이라는 사실은 50세 미만 남자의 사망 원인 1위가 자살인 데서 알 수 있다.[2]

게다가 이런 문구는 어린아이들에게 연인 관계란 통제적이고 남성 지배적인 것이라는 생각을 주입한다. 예를 들어 남아용 티셔츠에는 "미안해요 아가씨들, 나는 모델만 만나요", "여자들이 나만 쫓아다니네" 같은 문구가 적혀 있는 반면에,[3] 여아용 티셔츠에는 "나는 다시는 데이트하면 안 된대요" 같은 문구가 적혀 있다.

이런 메시지는 연인 간에도, 심지어 성폭력에서도 성 편향적인 권력관계의 기반이 된다. 이 사회에서 "남자애들이 다 그렇지"는 그냥 하는 말이 아니다. 이 말이 프린트된 아동용 티셔츠는 마트에서 4파운드(약 7000원)에 팔리고 있다.[4]

어린아이들을 향한 이런 메시지가 성규범 및 성폭력의 권력관계하고만 연관된 것은 아니다. 그것은 아이의 평생에 걸쳐 지속적인 영향을 미친다. 여러 연구 결과에 따르면 여자아이들은 이미 여섯 살 때부터 여자가 남자보다 '총명'하거나 똑똑하지 않다고 인식하고 이런 고정관념을 자기 자신에게도 적용하기 시작한다.[5] 이 경향은 성인기까지 계속된다.[6] 반면 남자들은 여자들과 달리 자신의 지능을 실제보다 높다고 생각한다는 사실이 여러 연구에 의해 증명되었다.

지나치게 보정된 비현실적인 모델들의 사진에 시도 때도 없이 공격당하는 10대 소녀들의 이야기는 수십 년 동안 섭식장애, 요요 현상, 낮은 자존감에 시달려온 성인 여자들의 증언과 연결된다. 어떤 여성은 이런 말을 했다. "내가 영화, 게임, 만화 속 여자들 같은 외모를 가질 수 없다는 사실을 깨닫기까지 오랜 시간이 걸렸다. 그런 외모를 가지지 않아도 괜찮다는 사실을 깨닫기까지는 더 오랜 시간이 걸렸다."

마찬가지로, 인형을 갖고 논다는 이유로 괴롭힘을 당하거나 벌을 받는 소년들의 이야기는 육아휴직을 신청했다가 비웃음을 사거나 묵살당하는 남자들의 이야기와 연결된다. 그리고 그 이야기는 다시 임신부들의 경험, "자네는 더 이상 고객한테 집중할 시간이 없을 거야"라는 말과 함께 해고당한 이야기와 연결된다.

이런 현상은 성차별이 깜짝 놀랄 만큼 어린 나이부터 시작되기 때문에 당연시된다. 평생 이런 주장과 메시지에 둘러싸여 살아온 사람이 그것을 문제나 편견이라고 인식하기는 어렵다.

임상심리학자 소피 모트 박사가 말한다.

> 이와 같이 정립된 성역할은 어렸을 때부터 우리 행동을 통제한다. 그것은 많은 여자아이가 자신도 지도자가 될 수 있다고, 자신감을 가질 수 있다고, 예쁘거나 친절한 것 이외의 무언가—예쁘거나 친절한 게 나쁘다는 건 아니지만—를 가지고 있다고 믿는 것을 막음으로써 그들이 주어진 역할에 맞게끔 스스로를 위축시키게 만든다. 또 그들의 자존감과 자신감뿐만 아니라 학교, 대학교, 훈련 과목 및 직업 선택에도 영향을 미친다.

우리가 이런 규범을 기꺼이 받아들이고 수긍하는 이유 중 하나는 이런 메시지가 대중매체, 소비재, 상점과 같은 바깥세상으로부터만 오는 것이 아니기 때문이다. 그것은 유감스럽게도 우리가 가장 신뢰하는 사람들, 가족과 공동체로부터 오기도 한다. 그리고 그보다 더 심각한 문제는 불평등을 당연시하는 경향이 학교에 의해 더욱 강화된다는 사실이다.

학교

어린 시절 나는 일상적으로 캣콜링을 당했고 나보다 훨씬 나이 많은, 때로는 두 배 이상인 남자들의 음란행위를 목격하곤 했다. 그런데 내 가족과 초등학교, 중등학교 선생님들은 그 남자들이 나를 정말로 좋아해서 그랬나 보다고 말했다. 또 열두 살 무렵부터는 내가 나이에 비해 성숙해 보여서 남자들이 헷갈리는 모양이니 옷을 헐렁하게 입으라고 했다.

등교일만으로 평균을 냈을 때 영국 경찰에는 교내 강간사건이 매일 한 건씩 신고된다.[7] 10대 소녀의 약 3분의 1은 학교에서 성추행당한 경험이 있다.[8] 중등학교 여학생의 약 80퍼센트는 또래 학생들 간의 성추행이 '가끔' 또는 '자주' 일어난다고 말한다.[9] 90퍼센트는 원치 않는 "좆 사진"을 전송받는 일이 '가끔' 또는 '자주' 일어난다고 증언한다.[10]

92퍼센트는 성차별적 욕설을 들은 경험이 여러 번 있다. 75퍼센트는 야한 사진을 찍어 보내라는 강압적인 요구를 '가끔' 또는 '자주' 받으며,[11] 70퍼센트 이상은 자신의 그런 사진이 다른 아이들 사이에서 공유된 경험이 있다. 약 60퍼센트는 사진이나 동영상을 도촬당한 적이 있다.

2021년에 교내 성희롱 실태를 조사했던 교육청 조사관들은 학생들로부터 성희롱이 완전히 일상화되었다는 말을 들었다.[12] 매일같이 일어나는 일이라서 여학생들은 항의하거나 학교에 신고하는 것이 의미 없다고 생각한다. 일상 속 성차별 프로젝트의 게시물 수만 개가 이 증언을 뒷받침한다.

이 문제를 신중하고 주도적으로 해결하기 위해 노력을 기울이는 교사와 학교도 있지만 여학생이 학교에서 성폭력을 경험하는 것은 대단히 흔한 일이다. 그리고 다른 형태의 교육과 마찬가지로 이것은 아이들의 자아 형성에 막대한 영향을 미친다. 중등학교, 대학교가 불평등을 복제하고 악화시키고 강요하는 기관 중 하나가 되는 것이다.

우리가 교육을 받으러 가는 바로 그곳에서 이런 경험이 흔하고 당연하다는 취급을 받는다면 성적 학대가 잘못됐다는 것을, 우리 몸의 통제권이 우리 자신에게 있다는 것을, 성희롱을 '참기만' 하면 안 된다는 것을 어떻게 알 수 있겠는가? 이런 현상은 다음과 같은 사실들을 아주 효과적으로 '교육'해준다. 우리의 지위가 다른 누군가보다 낮다는 것, 그 사실을 받아들여야 한다는 것, 우리가 항의하더라도 아무도 우리 말을 경청하거나 조치를 취하지 않으리라는 것.

우리가 비난당하리라는 것. 전부 우리 잘못이라는 것. 문제는 시스템이 아니라 우리라는 것.

어떤 여학생들은 페미니스트 동아리를 만들려다가 너무 "편가르기" 같다는, 남학생들이 기분 나빠할 거라는 이유로 교장실에 불려 가서 혼이 났다.[13] 어떤 여학생들은 본인의 동의 없이 그들의 나체 사진이 다른 학생들 사이에서 공유됐을 때 정학을 당했지만 정작 사진을 공유한 남학생들은 처벌받지 않았다. 어떤 흑인 여학생들은 백인 학생들과 똑같은 교복을 입었음에도 "너무 야하다"는 비난을 당했다. 학교는 그들의 몸을 백인 학생들과는 다른 기준으로 검열했다. 흑인 여학생들은 성희롱을 당한 후에 맞서 싸우거나 목소리를 내려고 해도 "말썽을 일으킨다"며 묵살당하고 학교에 의해 처벌받거나 퇴학당하는 일이 다른 학생들보다 많다.

열네 살 소녀인 나는 내게 가슴이 죽인다고 말하는

모든 건설 인부와 싸울 수 없다. “강간은 그냥 좀 거친 섹스일 뿐이야”, “처음에만 힘들지 좀 지나면 기분 좋아져”라고 말하는 모든 동급생과 싸울 수 없다. 학생인 나는 나를 성적 대상화하는 사람들 앞에서 완전히 무력하다. 내 안에는 솟아오르는, 뜨거운 분노가 있다.

2021년 리버풀의 한 가톨릭 학교에서는 남학생들이 투명한 유리 계단 밑에서 여학생들의 치마 속을 촬영하다 붙잡히자 학교가 여학생들에게 속바지를 입으라고 했다. 졸업생들은 자신들이 수년 전부터 학교 측에 그 계단에 대한 문제 제기를 해왔다고 언론매체에 말했다. 〈리버풀 에코〉와의 인터뷰에서 한 졸업생은 이렇게 말했다. “학교는 미래를 위한 가르침을 받는 곳인데 학교 측의 이러한 처사는 남학생들에게 이런 행동을 해도 된다는 생각을 심어줄 뿐이다. 이 학교에서도, 다른 어떤 학교에서도 여학생이 일상적인 성희롱에 시달려서는 안 된다.” 이 학교에 재학 중인 여학생들은 몸매가 드러나는 치마를 입었다가 “‘부적절하다’는 이유로” 귀가 조치를 받은 적도 있다.

이것은 다른 사건들과 무관한, 의외의 사건이 아니다. 신문에는 여학생들이 “허벅지가 보여서”,[14] “부적절하게”

어깨를 드러내서,[15] 심지어 브래지어 끈이 보인다는 이유로[16] 귀가 조치를 당한 이야기가 깜짝 놀랄 만큼 자주 보도된다. 만약 여기서 마거릿 애트우드의 《시녀 이야기》 같은 통제의 기미가 느껴지지 않는다면 미국의 한 학교에서 있었던 사건을 살펴보자. 이 학교는 졸업 앨범에 실린, 여학생 80명의 사진을 포토샵으로 수정했다. 쇄골보다 아래쪽의 피부가 드러난 것을 지우기 위해서였다. 그런데 포토샵 솜씨가 하도 엉망이어서 마치 다섯 살짜리가 그림판 프로그램으로 장난친 듯한 결과를 낳고 말았다. (어느 모로 봐도 평범한) 원래 사진은 학교에 의해 "부적절하다"는 평가를 받았으나 놀랍게도 남학생 사진 가운데는 수정해야 할 만큼 부적절한 것이 단 한 장도 없었다.[17]

이것은 집단 세뇌다. 우리는 시스템을 통해 아이들에게 여성의 신체를 비난하고, 성적 대상화하고, 경멸하라고 가르치고 있다. 여성의 기능적인 신체 부위들이 대단히 위험하고 부적절하다고 간주하는 시스템을 통해 여성 개개인에게 낙인을 찍고 있다.

나는 중등학교 6학년 때 여학생은 학교에서 **긴팔** 셔츠를 입어야 한다는 말을 들었다. 일부 남자 교사가 반팔을 보면 정신이 산란하다고 말했기 때문이다. 1. 때는 한 여름이었다. 2. 남학생은 아무 옷이나 입어도 괜찮았다. 3. 우리 학교 남자 교사들은 모두 40대 이상의 유부남이었고 대부분 자녀도 있었다. 4. 당시 우리는 열여섯, 열일곱 살이었다. 직장이나 학교에서 여성의 **어깨**가 너무 섹시해서 일을 못할 정도인 남자들은 자제력이라는 것을 배워야 하지 않나 싶다.

남자아이가 성희롱하는 것은 당연하다는 생각, 여자아이에게는 '스스로를 지킬' 책임이 있다는 생각, 남자아이가 나쁜 짓을 하는 것은 여성의 신체 탓이라는 생각이 교육기관을 통해, 남의 영향을 받기 쉬운 나이의 청소년들에게 전달되고 있다. 마르고 하얀 몸을 이상적 또는 정상적이라 간주하면서 나머지는 도외시하고 경멸하는 미의 기준을 학교가 복제하고 강화한다. 그 결과 여학생들의 자기 회의, 자기 비난, 자의식과잉이 심화된다. 반면에 시스템이 자신에게 유리하게 돌아가기 때문에 죄를 지어도 벌을 받지 않을 거라는 남학생들의 생각에는 강력한 근거가 주어진다. 여학생이 성추행을 당했을 때 스스로를 탓할 가능성이 증가한다. 남학생이 성희롱이나 성추행을 했을 때 잘못된 행동이나 범법 행위라고 생각하지 않을 가능성이 높아진다.

그중에서도 가장 아이러니한 것은 학교가 여학생들이 '섹시해' 보이는 것을 막기 위해 혈안인 동시에 여학생들의 몸을 성적 대상화한다는 사실이다. 예를 들어 어느 다섯 살 아이는 **어린이집**에서 끈 달린 원피스를 입었다는 이유로 옷을 갈아입으라고 강요당했다. 또 다른 아홉 살 아이는 '몸에 딱 붙는' 옷을 입었다는 이유로 정학을 당했다.[18]

바꿔 말하면 많은 학교가 학생들이 안 그래도 바깥세상에 나가면 마주하게 될 성 고정관념, 여성혐오, 괴롭힘을 비판하고 그것에 의문을 제기하는 대신 오히려 이를 강화한다. 그리고 그럼으로써 시스템의 일부가 된다.

복장 단속은 교육기관의 여성혐오를 보여주는 아주 유용한 축소판이지만 유일한 예는 아니다. 백인 남성 작가, 작곡가, 철학자, 역사적 인물로 점철된[19] 교과과정에서부터 교내 성폭력 신고제가 없는 영국 대학교가 40퍼센트에 달한다는 사실[20]에 이르는 모든 것이 성폭력과 성차별적 규범을 일상에 스며들게 하는 동시에 대대로 존속시킨다. 일례로 11~14세 학생의 75퍼센트는 여성 작가가 쓴 책이나 희곡을 한 번도 읽은 적이 없다.[21] 그런데 이 학생들이 사용하는 교과서에 실린 텍스트의 84퍼센트는 주인공이 남자다. 학생들이 배움을 얻으러 가는 곳에서 이것이 정상이라고 배우는 것이다.

실제로 학교는 우리가 아주 어렸을 때부터 이렇게 가르친다. 남자는 세상의 중심이고 여자는 그 주위를 맴돈다고. 남자는 뭔가를 실현하고 여자는 뭔가를 예쁘게 만든다고. 남자는 경력, 업적, 부를 좇고 여자는, 음…… 남자를 좇는다고.

심지어 지금도 일상 속 성차별 프로젝트에는 여학생들이 과학이나 공학 분야를 지망하는 것을 미묘하게 제지당했다거나, 수학 문제와 씨름할 때 "수학은 남자가 잘하는 과목이니까 네가 못하는 게 당연하다"라는 말을 들었다거나, 건축학이나 컴퓨터공학을 전공하고 싶다고 말했더니 주위 사람들이 깜짝 놀라거나 실망하더라는 제보가 쇄도한다. 지금도 여학생들은 대학을 가는 첫 번째 이유가 남편감 찾기라는 말을 듣는다.

런던 인근 학교에 다니는 한 여학생은 내게 이런 일화를 들려줬다. 어느 날 학생들은 아무런 경고나 준비도 없이 강당에 떠밀려 들어가서 남자 강사로부터 "어떤 상황에서도, 어떤 여자에게도 임신중절이 허용되어서는 안 된다", "여자들 대부분은 임신중절을 후회한다", "남자도 임신중절에 대해 여자와 동등한 발언권을 가져야 한다" 같은 말을 들었다. 그녀는 이렇게 말했다. "많은 남학생이 화내는 여학생들을 놀렸다…… '페미나치', '미친', '남성혐오' 같은 단어들이 언급됐다. '옷걸이를 준비하는 게 좋겠네'• 같은 말을 하는 남학생도 많았다."

여성혐오의 제도화 및 당연시는 학교문화 전체에서 유래한다. 예를 들어 여학생들은 여자 교사가 남학생들로부터 성희롱과 괴롭힘을 당해도 아무런 조치도 취하지 않는 것을 자주 목격한다. 내가 직접 만나본 여자 교사 가운데 다른 업종이었다면 용인되지 않았을 만큼 모욕적인 환경에서 일하는 사람의 숫자만 해도 셀 수 없을 만큼 많다. 그들은 자신이 가르치는 남학생들에게 창녀, 걸레, 쌍년이라 불리고, 강간 협박을 받으며, 치마 속 사진을 찍히고, 그들의 성생활에 관한 추측을 적은 지라시를 남학생들이 만들어서 돌려 본다. 상부에 도움을 요청해도 "처벌할 정도로 심각하지 않다"거나 교사의 지도력에 문제가 있다는 말을 들을 뿐이다.

그리고 판단하기 애매한 경우도 있다. 학생들이 남자

• 철사 옷걸이는 병원에서의 임신중절이 불법이던 시절에 여자가 스스로 낙태를 하기 위해 흔히 사용했던 도구 중 하나다.

교사가 교실에 들어설 때는 “선생님!” 하고 외치면서 자리에서 벌떡 일어나지만 여자 교사가 들어설 때는 이름을 부르면서 의자에 느긋하게 앉아 있을 때. 또는 여자 교사가 가르쳐준 답이 맞는지 남자 교사에게 “확인”하겠다고 고집부릴 때.

유명 중등학교 교사인 나는 10대 남학생들의 지속적이고 강도 낮은 성희롱이 내 직업의 일부라고 늘 생각해왔다. “강도 낮은”이란 성적으로 부적절한 언어를 가리킨다. 남학생들은 ‘여자가 그런 대접 받는 것을 익히 봐왔기 때문에’ 제멋대로 행동해도 된다. 한번은 열두 살 내지 열세 살 먹은 남학생이 여자 교사의 엉덩이를 자로 때렸는데도 피해자는 “걔가 너무 어려서 뭘 몰라서 그래요”라는 말밖에 듣지 못했다. 내가 가르쳤던 2학년 남학생은 시시때때로 발기를 하고는 이해가 안 가는 부분이 있다며 나를 부르곤 했다…… 한 5학년 남학생은 나를 향한 성적인 언사의 강도를 6개월 동안 점점 높여갔다…… 한번은 나 혼자서 열여섯 살 남학생 열 명과 함께 있었던 적이 있었다…… 그들은 “우리 아가씨의 보지는 어마어마하게 크다네”라는 노래를 부르기 시작했다……

상부에 보고하자 그들의 반응은 "늘 있는 일이다. 이 정도도 감당할 수 없다면 당신이 직업을 잘못 고른 거다"였다…… 나를 우울하게 만드는 것은 10대 소년들이 저지른 일에 대한 책임을 여학생 또는 여자 교사에게 떠넘기는 사례를 너무나 많이 목격한다는 사실이다. 그 결과 이 남학생들은 자기는 제멋대로 행동해도 되고, 항의하는 여자가 잘못된 거라는 확신을 갖게 된다.

사정은 대학교라고 별반 다르지 않다. 그곳에는 성폭력이라는 소리 없는 전염병이 있다. 강간당한 여학생들은 비밀유지확약서에 서명하라는 압박을 받고, 강간범과 같은 캠퍼스로 돌아가라는 명령을 받으며, 학교 당국으로부터 비난을 당하고, 증거 검토도 없이 범인을 무죄방면하는 끔찍하고 비윤리적인 절차를 견뎌야 한다. 좁은 방 안에서 강간범과 대면한 채 "다 잊고 화해하라"고 강요당하고, "네가 경찰에 신고만 하지 않으면 학교와는 상관없는 일"이라는 이야기를 들으며, 학교 측에서 했다는 자체 조사에 대한 정보를 요청하면 전부 거절당한다.

대학에서 성폭력을 경험한 여성들은 계속해서 그들을 저버리는 시스템 때문에 학교를 떠날 수밖에 없다. 이번에도 이 문제의 근간에는 이런 사건들을 개별적이고 충격적인 사례로 간주하는 시스템, 이런 사건들이 여학생들의 정신을 황폐화해서 학업을 중단하게 만드는 국가적 재앙이라는 사실을 외면하는 시스템이 있다.

그리하여 우리는 이것이 삶의 일부임을 배운다. 여기에 대처하는 방법을 선택하고, 미리 조심하고, 약간 위축된다. 상처 입은 채 학교를 떠날 때는 교훈도 함께 가져간다. 앞으로도 계속해서 여자들과 소녀들에게 '일어날' 일들. 뭔가를 말했을 때 우리가 받게 될 대접. 우리가 능숙해야 마땅한 것과 절대 접근해선 안 되는 영역. 우리가 행동해야 하는 방식과 선을 넘었을 때 받게 될 불이익. 남학생들은 우리와 같은 규칙을 따를 필요가 없다는 것, 자기 행동을 책임지지 않는다는 것. 하지만 우리는 책임져야 한다는 것. 그들의 행동까지도 우리가 책임져야 한다는 것. 우리가 부당한 처우를 당하거나 상처받거나 학대받거나 모욕당한다 해도 그들 잘못이 아님을, 아마 우리 잘못임을 아는 것.

어렸을 때부터 가장 반복적으로 배우는 교훈은 아마 모든 것이 우리 잘못이라는 사실일 것이다. 목소리를 낸다면 비난당할 것이다. 우리의 부정적 경험은 우리의 약점, 오판, 실패, 실수에서 기인하는 것이지 여성혐오, 조직적 성차별, 남성의 폭력 때문이 아니다.

성폭력을 당했을 때 가장 힘들었던 부분은 당시 남자 친구에게 말하는 것이었다. 그는 화를 냈다. 나에게 일어난 일 때문이 아니라 내가 "그 일을 자초했기 때문"이었다. 내가 폭행당한 것이 내 잘못이라는 부당한 비난에 나는 지금도 분노를 주체할 수 없다. 그러나 그 덕에, 경찰에 신고하지 않길 잘했다는 것을 깨달았다. 내 말을 믿는 사람들조차 나를 비난한다는 사실을 알게 됐기 때문이다.

여자들이 강간당하는 이유는 멍청하게 짧은 치마 차림으로 밤늦게 혼자 돌아다니기 때문이라거나 정재계에 여성이 별로 없는 이유는 그들이 '적극적'이지도 야심적이지도 않기 때문이라고 말하는 것은 시스템의 문제를 개인의 문제로 치환해버린다. 또 '성난 흑인 여자' 같은 고정관념은 인종과 성별의 교차성을 통해, 반박하려는 사람이나 조직적 문제라고 주장하려는 사람을 침묵시킨다.

당신 잘못이 아니다

폭력적인 행위의 초점을 개인에게 맞추고 피해자를 비난하는 사회에서는 아이가 그와 똑같은 사고방식을 지닌 사람으로 자라나기 쉽다.

이는 한편으로는 괴롭힘이지만 다른 한편으로는 우리가 다양한 부류의 사람들을 보고 본능적으로 평가하는 방식이기도 하다. 예를 들어 당신이 제국과 식민주의에 대해 가르치지 않는 학교에서 교육을 받았다면[22] 유색인 아이들이 일상생활에서 겪는 부정적인 일들과 조직적 인종주의를 연결하기 어려울 것이다. 당신이 장애인들이 드나들 수 있는 공공장소가 거의 없는 사회에서 살고 있다면 시스템이 장애인들의 참여를 적극적으로 제재하는 것이 아니라 장애인들이 원래 공공 생활에 참여하기 싫어한다는 속설을 믿기가 더 쉬울 것이다. 성소수자 청소년들은 내게 이렇게 말했다. 학교에서 하는 연애 교육이나 성교육 수업에서 자신들의 존재를 인정하지 않기 때문에 성소수자는 어딘가 잘못되거나 이상한 부분이 있는 사람이라는 속설을 믿기가 더 쉽다고. 마찬가지로 여자는 남자보다 약하고, 덜 적극적이고, 집안일에 적합하지 STEM(과학, 기술, 공학, 수학)에는 적합하지 않다고 가르치는 세상에서 자라는 것 또한 크나큰 영향력을 지닌다.

이 모든 것은 우리 개개인에게 어떤 영향을 미칠까? 우리의 삶, 경력, 연애, 우리가 어떤 사람이 되는가—또는 스스로 어떤 사람이라고 생각하는가—에 어떤 영향을 미칠까? 우리가 불평등을 받아들이도록 훈련되었다는 것은 무슨 뜻인가? 많은 사람이 트라우마와 학대에 대해 소리 높여 이야기하거나 유의미한 도움을 받는 것은 고사하고 그것을 트라우마나 학대라고 부를 권리조차 허락받지 못한 채 그 무게를 짊어지고 살아간다는 것은 무슨 뜻인가? 우리가 이런 사실들을 인정할 수 있다면, 우리가 영향받았음을 인정하는 데서 오는 카타르시스와 홀가분함을 누릴 수 있다면, 심지어 치유받을 수 있다면 어떤 일이 일어날까?

일상 속 성차별 프로젝트에 올라온 수천 개의 게시물은 어린 시절 겪은 괴롭힘과 학대가 아주 오랜 후유증을 남길 수 있음을 보여준다. 열여덟 살 때 공공장소에서 모르는 남자로부터 갑자기 폭력적인 말을 들은 여자는 이렇게 적었다.

> 나는 그냥 가만있었다. 어떻게 반응해야 할지 혹은 방금 일어난 일이 실제인지 아닌지조차 알 수가 없었다.

충격에 빠졌던 것 같다. 20년이 지난 지금도 공공장소에서, 특히 내 옷차림과 관련해서 자주 불안을 느낀다. 그 사건이 오랜 세월에 걸쳐 내 불안증을 증폭한 수많은 작은 폭력 중 하나라는 사실을 최근에야 깨달았다.

첫 경험은 누구나 잊지 못한다. 한 여자는 아홉 살 때 어두운색 자동차를 탄 남자들로부터, 이리 와서 "좆이나 좀 빨아보라"는 이야기를 들었다. 또 다른 여자는 여덟 살 때 엄마로부터, 삼촌이 너한테 그런 짓을 했을 리 없잖냐는 말을 들었다. 어떤 여자는 열 살 때 운동장에서 누군가의 손이 치마 속으로 들어오는 일을 당했다. 한 여자는 일곱 살 때 우주비행사가 되고 싶다고 말했다가 주위의 비웃음을 샀다. 또 어떤 여자는 열세 살 때 가족 결혼식에서 카디건을 벗었다가 친척의 선정적인 휘파람 소리를 듣고 몹시 당황했다.

우리가 깨닫지 못하는 중요한 사실은 이런 경험들이 우리에게 지워지지 않는 흔적을 남길 수도 있다는 것이다. 이외에도 성 고정관념과 '생각해주는 척하는' 성차별에서부터 강도 낮은 성희롱과 성추행에 이르는, 작고 사소해 보이지만 성가신 것 수백만 개가 그럴 수 있다.

그리고 그 흔적은 우리의 자기의식, 자기 가치, 안전감, 포용력과 연결된다. 우리가 자신만의 특수한 무언가라고 생각하는, 일상생활의 모든 요소는 사실 우리의 과거 및 현재 경험에 기반한다…….

"나는 실내에서 운동하는 편을 선호한다."[23] (한 여론조사에 따르면 영국 여성의 60퍼센트는 조깅 중에 성희롱을 당한 적이 있으며, 50퍼센트는 해가 짧아질수록 실외 운동을 더 적게 한다.)

"나는 그냥 임금 협상을 할 수 있는 사람이 아니다!"[24] (남자가 임금 인상을 요구할 확률은 여자보다 23퍼센트 높다. 여성의 57퍼센트는 한 번도 임금 인상을 요구해본 적이 없다.)

"나는 아마 그 자리에 지원할 자격이 안 될 거다."[25] (여자는 자신이 자격 요건을 100퍼센트 충족할 때만 지원하는 경향이 있는 반면에 남자는 60퍼센트만 충족해도 지원한다.)

"내가 프레젠테이션을 잘 못하나 보다."[26] (IT업계 여성의 약 3분의 2는 자신이 발의했다가 무시당했던 아이디어를 남자 동료가 다시 제안하자 채택된 경험이 있다.)

"나는 늘 시간이 부족한 것 같다."[27] (영국 여성은 육아, 요리, 집안일 같은 무급 노동을 남성보다 평균 60퍼센트 더 많이 한다.)

"나는 내가 잠자리에서 원하는 것을 파트너에게 이야기하는 게 불편하다."[28] (한 연구에 따르면 가장 최근에 한 섹스에서 오르가슴을 느낀 비율이 남성은 91퍼센트에 달한 반면 여성은 64퍼센트에 불과했다.)

사회에서 뭔가를 당연시하면 우리 자신도 그것을 당연시하게 된다.

우리는 '네 잘못'이라는 말을 너무 많이 들어서 그 말이 사실이라고 믿기 시작한다.

그리고 그 상태에 너무나 익숙해져서 맞서 싸우길 포기한다.

애초에 우리에게 싸울 권리가 있다고 말해주는 사람이 아무도 없기에 우리는 세상 이치가 원래 그렇다고 생각한다.

모트 박사가 말한다.

"저는 ~하는 여자가 아니에요", "저는 절대 ~하지 않을 거예요"라는 말을 상담실에서 자주 듣는다. 그래서 이런 말을 들을 때마다 매번 묻는다. 왜요? 왜 그런 말을 하는 건가요? 누가 당신은 그런 일을 할 수 없다고 말했나요? 당신이 절대 하지 않을 거라는, 그 일을 하는 상상을 하면 어떤 기분이 드나요? 당신이 그런 행동을 하면 누가 제일 심하게 비난할 것 같나요? 우리가 가진 믿음과 생각 중에는 우리 자신의 것이 아닌 게 많은데 그것은 대개 어린 시절의 배움에 의해 형성된다.

모트 박사의 말이 맞다. 앞서 언급한 통계를 봐라. 그리고 예를 조금 더 들어보겠다…….

미국의 한 연구에 따르면 여자들은 지속적으로 자신의 시험 예상 점수를 남자보다 낮게 적는 경향이 있었다.[29](100점 만점에 여자는 46점, 남자는 61점) 두 집단의 실제 평균 점수가 똑같을 때에도 마찬가지였다. 어느 고용주가 지원자들의 자기 평가를 바탕으로 고용 여부와 임금을 결정하겠다고 말했을 때에도 여자들의 자기 평가는 여전히 남자들보다 낮았다.

여성이 초봉 협상을 하는 비율은 12.5퍼센트[30]이지만 남성의 비율은 52퍼센트다.

여자는 남자보다 현저히 낮은 임금을 받지만[31]—최저임금보다도 적은 임금을 받는 25세 이상 노동자의 3분의 2는 여성이다—이에 대해 정식으로 항의할 확률은 남자보다 훨씬 낮다.

구직 구인 사이트 링크드인의 사용자 수억 명의 데이

터를 살펴보면[32] 여자가 제출하는 지원서 수는 남자보다 20퍼센트 적고, 자격 요건을 읽어본 후에 지원서를 제출할 확률은 남자보다 16퍼센트 낮다. 또 여자는 자신이 지원한 회사에 지인이 있더라도 그 사람한테 자신을 추천해달라고 부탁할 확률이 남자보다 26퍼센트 낮다.

이것은 우연이 아니다. 그렇지 않은가? 당신만 그런 것이 아니다. 어떤 사람의 특이한 성벽이나 괴상한 기행이 아니란 말이다. 이것은 통계적으로 훨씬 큰 의미를 지닌다. 전 사회적 영향력을 지닌 사안이다. 우리가 개인의 약점이라고 믿는 것이 실제로는 조직적 장벽이라는 뜻이다.

가부장제? 무슨 가부장제?

따라서 해답은 명쾌하다. 여자의 적은 자기 자신이다. 여자들이 출세하고 싶다면 자기 행동을 고치면 된다. 그러니 매사에 남자 탓 좀 그만해라. 자책골임이 이렇게 명백하지 않은가. 직장에서 목소리를 내라. 거칠게 나가라. 자기 주장을 펼쳐라. 부당하게 대우하는 회사는 그만둬라. 승진을 요구해라. 여자가 별로 없는 분야여도 자기가 정말 사랑하는 일이라면 뛰어들어라.

우리는 평생 우리의 도전과 실수와 실패가 우리 잘못이라고 배워왔다. 동시에 성차별과 괴롭힘의 경험을 무시하고 축소하고 일축하게끔 길들여져왔다.

우리는 모든 게 우리 탓이라는 말을 듣는 데 너무 익숙해져서 무조건 자기 탓부터 하기 시작한다. 혹은 아예 우리가 원래 그런 사람이라고 생각하기 시작한다.

승진을 요청할 용기를 내지 못하는 것. 섹스가 불만족스럽다고 당당하게 이야기하지 못하는 것. 남자 동료들과 원활하게 소통하지 못하는 것. 임금 인상을 차마 요구하지 못하는 것. 이 모든 것은 우연의 소산이자 서로 무관한 문제들이다. 왜냐하면 조직적 여성혐오도, 가부장제도 존재하지 않기 때문이다.

가부장제가 존재하지 않는다는 생각은 거기서 가장 웃긴 부분이 여성 억압만 아니었다면 아주 우스꽝스러운 농담이었을 것이다.

실제로 이 발상은 최근 약간 복고의 바람을 타고 있다. 학자들이 남의 영향을 받기 쉬운 어린 나이의 남성 팔로워 수백만 명에게, 여자들을 가로막는 조직적 장벽이란 존재하지 않으므로 여자들이 직면하는 모든 불평등은 생물학적 한계와 그들 자신의 잘못된 선택 때문이라고 주장함으로써 책 수백만 권을 팔고 수백만 파운드를 벌어들인다고 생각해봐라. 어디서 많이 들어본 얘기 아닌가?

아마 예상했겠지만 이 주장은 가부장제의 혜택을 가장 많이 누리는 사람들 사이에서 대단히 인기가 있다. 당신이 소유한 회사의 이사회 임원진이 전부 당신과 같은 인종인 것은 당신 잘못이 아니라 단지 당신들이 **더 잘났기** 때문이라는 말은 분명 솔깃하게 들릴 것이다.(그러니까 당신 아버지가 골프 친구들에게 전화를 돌린 것과도 전혀 무관한 일이다, 그렇지 않나?)

'가부장제'란 오래전부터 우리 사회에서 가장 큰 권력을 쥐어온 사람들, 즉 부유한 백인 비장애인 남자들이 그들 자신을 위해 만든 유구한 제도를 가리킨다. 그것은 인종차별적, 계급 차별적, 이성애 규범적, 장애인 차별적인 제도다. 백인우월주의인 동시에 남성 지배다. 정부 및 정치구조에서부터 직장, 직업, 교육, 사회규범, 복지 및 의료 체계에 이르는, 우리가 살아가는 사회의 모든 제도의 근간에 자리한 위계질서다. 우리는 꼭대기에서부터 밑바닥까지 모든 단계에서 이 위계질서가 미치는 영향을 볼 수 있다. 예를 들면 자기 몸에 대한 결정을 자기가 내릴 권리를 찾기 위해 여자들이 투쟁을 계속할 때. 흑인들이 끊임없이 공권력에 목숨을 잃지만 그들을 죽인 경찰들은 거의 아무런 처벌도 받지 않을 때. 제 기능을 하지 못하는 복지제도 때문에 빈자들은 가난을 벗어나지 못하는데 억만장자들은 취미로 우주여행을 갈 때.

물론 과거에 비하면 많은 것이 개선되었다. 우연에 의해서가 아니라 수십 년에 걸친, 사회운동가들의 헌신적인 투쟁 덕분에 말이다. 많은 이가 시민권 발전의 대가로 자신의 목숨을 내놓았다. 크라우드펀딩으로 한 달에 수만 파운드를 버는 이성애자 백인 비장애인 남자들은 "기회만 평등하면 된다"고 외친다. 그러나 사회구조와 그 기저에 깔린 사고방식, 여러 조직적 장벽이 여전히 남아 있다.

이 말이, 여자가 겪는 부정적인 경험 하나하나가 가부장제의 직접적인 결과라는 뜻일까? 물론 그렇지 않다. 모든 남자가 그러하듯이, 여자도 직장을 잃을 만큼 끔찍한 실수를 할 수도 있다. 그리고 모든 남자가 악운으로부터 자유로운 것도 아니다. 하지만 수많은 사례를 종합해봤을 때 큰 그림에서 가부장제가 하는 역할이 있는가? 저임금 노동자의 대부분이 여자라는 사실에서는 어떤가? 지도자나 정치인 가운데 여자가 차지하는 비중이 낮다는 사실에서는? 가까운 미래에 우리 모두의 삶을 좌우할 결정을 내리거나 신기술을 창조하는 부문에 여자가 거의 없다는 사실에서는? 당연히 가부장제가 중요한 역할을 한다.

우리가 개인으로서 경험하는 바는 각자 다 다르다. 그러나 여성, 장애인 여성, 유색인 여성, 트랜스젠더 여성 같은 공통된 정체성의 영향을 받는 일이 잦을 것이다. 물론 각각의 범주 안에서도, 또 그 교집합 안에서도 각자가 겪는 경험과 사건은 사람에 따라 달리 보이겠지만. 나 아닌 누군가와 똑같은 삶을 사는 사람은 아무도 없으나 우리는 누구나 자신의 경험에 의해 형성된다. 따라서 그 경험들이 (이성애 규범적, 인종차별적, 계급 차별적, 장애인 차별적인) 가부장제의 영향하에 있다면 직업에서부터 가정생활에 이르는 여러 결과와 현실 또한 가부장제의 산물일 가능성이 높다.

앞서 언급한 학자들은 이러한 주장을 들으면 입에 거품을 무는 경향이 있다. 그들은 페미니스트들이 모든 여자를 무력한 피해자로 만들려 한다고 매도한다. 보이지 않는 억압은 피할 수 없으니 불행과 실패로 점철된 삶을 여자들이 순순히 받아들여야 한다고 주장한다. 여자들이 계속 무력하고 소극적으로 구는 한, 절대 혼자 힘으로 설 수 없을 거라고 말한다.

문제는 그들이 생각하는 것보다는 억압이 잘 보인다는 사실이다. 특히 그 억압의 직접적인 피해자에게는 더욱 잘 보인다. 이 경우에는 모르는 게 약이 아니다. 모든 게 우리 잘못이라고 계속 세뇌당하는 것보다는 우리를 방해하는 구조를 인식하는 것이 훨씬 큰 힘이 된다. 이 말을 하는 목적은 여자들에게 어떤 책임도 없다고 선언하거나 아무런 노력도 하지 말라고 부추기기 위함이 아니다. 여자들에게 불리하게 설계된 시스템에도 불구하고 이미 성취한 것을 상찬하고 지금껏 그들이 직면해왔으면서도 콕 집어 말할 수 없었던 장벽에 대한 정당한 분노를 표출하라고 말하기 위함이다.

예를 들어 당신이 매년 영국에서 모성 차별 때문에 직장을 잃는 여자 5만 4000여 명 중 한 명이라고 가정해보자.[1] 물론 당신의 상사는 당신의 해고와 당신이 임신했다는 사실은 완전히 무관하다고 장담할 것이다. 아니, 그것은 아주 불운한 우연의 일치일 뿐이며 당신이 해고당한 이유는 처참한 실적 때문이다.

하지만 실제로는 5만 4000명이 동시에 일을 망치지는 않았을 확률이 더 높다. 어디서 수상한 냄새가 나지 않나?

'기회만 평등하면 된다'는 주장은 뿌리 깊은 조직적 불평등의 존재를 고의적이고 냉소적으로 무시함으로써 성립한다. 문제는 우리 중 대다수가 이미 그렇게 하도록 훈련되어 있다는 사실이다. 여기에 너무나 익숙해진 나머지 더 이상 그것이 불평등이라는 생각조차 하지 않기 때문이다.

한 여자와 그녀의 남편이 같은 해에 새 직장에 취직했

고 같은 시간 동안 근무한다고 가정해보자. 두 사람에게는 자발적으로 해야 하는 공동의 일이 있는데 유급 노동을 하고 남는 시간을 쪼개서 어떻게든 끝내야 한다. 만약 남편이 아내에게 자발적 노동의 대부분을 맡으라고 제안하고 자신의 본업에 투자할 시간을 더 많이 가짐으로써 부당하게 우위를 점한다면 우리는 즉시 항의할 것이다. 그리고 그 결과 남편이 직장에서 아내보다 출세한다면 그에게 남는 시간이 많았기 때문에 더 좋은 실적을 올릴 수 있었던 거라고 지적할 것이다.

그런데 남성 파트너가 있는 영국의 직장 여성 대부분은 정확히 이런 상황에 처해 있다. 이성애자 커플이 동거할 때 집안일에 소비하는 시간은 여자는 일주일에 약 열여섯 시간인 반면 남자는 겨우 여섯 시간에 불과하다.[2] 코로나 봉쇄령이 내려진 기간 동안 엄마들은 아빠들보다 자녀 양육에 77퍼센트의 시간을 더 소비했다.[3] 그러나 우리는 여자들이 육아, 집안일, 감정 노동을 완벽하게 해내는 동시에 직장에서 남편보다 뒤처지지도 않길 기대하는 것이 터무니없다고 지적하는 대신, 그저 어깨를 으쓱하며 “여자가 남자만큼 일을 잘하지 못하는 건 우리 탓이 아니야”라고 말한다.

이것은 여자들이 '정신 차리고' 남편에게 집안일을 동등하게 분담하자고 말하면 해결되는 문제가 아니다. 불평등은 그것을 미묘하게 강화하는 시스템과 정책에 의해 구조에 스며든다. 영국 남자가 받을 수 있는 유급 배우자 출산휴가는 겨우 2주인 반면, 여자가 받을 수 있는 유급 출산휴가는 39주다. 따라서 영국 남자가 배우자 출산휴가를 더 오래 내고 싶더라도 대부분의 경우에는 재정적인 이유 때문에 선택하기 어렵다.

만약 이 중에서 그 어느 것도 당신 때문이 아니었다면 어떨까? 모든 것이 시스템 때문이었다면? 스스로를 보존하기 위해서는 눈에 보이지 않아야 하는 시스템. 여자들이 모든 게 자기 탓이라고 믿게 만듦으로써 가장 깔끔하고 은밀하게 비가시성을 유지하는 시스템.

직업 세계의 다양한 분야에서 여성의 성취도가 남성보다 떨어지는 것을 보면 우리는 무조건 여자를 '고치려' 든다. 인맥 쌓기, 멘토링, 여성 모임, 적극성 수업 등 여자들이 참여해야 하는 끝내주는 '해결책'의 목록은 나날이 늘어간다. 그러나 우리가 이런 '해결책'과 여자들이 직면하는 편견과 차별을 연결 짓는 일은 드물다.

문제는 여자들이 아니다. 시스템이다.

앞서 언급했던 링크드인 연구[4]—여자들이 남자들보다 지원서를 적게 낸다는 연구—에 따르면 신입 사원 모집자가 여자의 이력서를 클릭할 가능성은 남자의 이력서를 클릭할 가능성보다 13퍼센트 낮다. 여러 연구에 따르면[5] 똑같은 이력서에 남자 이름 또는 여자 이름을 적어서 보냈을 때 모집자는 '남자' 지원자를 훨씬 더 유능하고 적합한 인재라고 평가했고, 그들에게 더 높은 연봉을 제시했으며, 더 많은 멘토링 기회를 제공했다. 백인 이름과 비백인 이름을 적어 보냈을 때에도 비슷한 결과가 나타났다.[6]

인사 결정권자 여덟 명 중 한 명은 여자가 나중에 출산을 할까봐 고용하기가 주저된다고 말한다.[7] 젊은 여성의 약 3분의 1은 직장에서 근무할 때 또는 구직할 때 성차별을 경험했다. 여성 다섯 명 중 한 명은 자신과 동일하거나 비슷한 업무를 담당하는 남자 직원보다 적은 임금을 받는다. 2017년에 미국의 백인 남성이 1달러를 버는 동안 흑인 여성은 61센트를 벌었다. 이를 1년으로 환산하면 2만 3653달러를 덜 번 셈이 된다. 한 사람이 평생 일하는 기간이 40년이라고 가정할 때 흑인 여성과 백인 남성이 평생 동안 버는 돈이 평균 94만 6120달러 차이 나는 것이다.[8] 영국 노동조합 회의의 조사에 따르면[9] (이미 비장애인 동료보다 임금을

20퍼센트 적게 받는) 장애인 노동자 세 명 중 한 명은 코로나 팬데믹 동안 직장에서 부당한 대우를 받았다. 즉 이것은 개인적인 문제가 아니라 구조적인 문제다.

여자들이 정계 진출을 꺼리는 것 자체도 물론 시사하는 바가 있지만 여성 정치인이 적은 원인을 후보자가 출마를 꺼리는 탓으로만 돌리는 것은 그들을 주저하게 만드는 실제 이유—언론의 여성혐오에서부터 강간 및 살해 협박에 이르는—뿐만 아니라 여성들이 직면하는 제도적 장벽 또한 가린다. 여성 자선단체 포셋 소사이어티의 최근 연구에 따르면[10] "여자들은 의회까지 가는 모든 단계에서 장애물을 만나는데 특히 정당 내 '문지기'의 방해가 심하다…… 지구당 인사들이 마음속에 정해놓은 '이상적 후보'는 중산층 비장애인 백인 남성이다." 이 연구에서는 임신부 두 명이 후보 추천에서 결국 탈락했고 또 다른 여성 후보는 지방의회 의원으로부터 이런 말을 들었다. "우리는 그냥 다른 후보가 필요해요. 젊은 여자는 안 돼요."

레이캬비크 지수란 G7 국가의 국민이 여성 지도자에 대해 어떻게 생각하는지를 나타내는 수치인데 이에 따르면 겨우 78퍼센트의 사람만이 여성이 총리가 되는 것에 저항감을 느끼지 않는다.

이런 사고방식을 바꾸는 데는 여성 한두 명으로는 충분치 않다. 앙겔라 메르켈이 그렇게 오랫동안 총리를 지냈음에도 독일 국민의 41퍼센트만이 여성이 정부의 수장이 되는 것에 아무런 저항감을 느끼지 않는다고 대답했다.[11]

기회만 평등하면 된다는 생각이 타당해 보이는 것은 자세히 들여다보지 않았을 때뿐이다. 자세히 들여다보는 순간 모든 것이 카드로 만든 집처럼 무너져 내린다. 노골적 차별, 무의식적 편견, 성희롱과 괴롭힘만이 문제가 아니다. 제도 자체가 불평등의 순환 고리를 유지하고 연장하게끔 설계되어 있기 때문이다.

예를 들어 우리 사회의 결정권을 가진 사람들, 즉 국회의원을 살펴보자. 대부분이 사립학교를 졸업한 백인 남성인 이들은 출마할 용기가 있는 사람, 성공할 재능을 가진 사람은 국회의원이 될 수 있다고 믿게 만들려 한다.

그러나…….

비선출직인 영국 상원의원도 정치적 결정에 참여한다. 법안을 검토하고 거부할 권한을 통해 우리 삶에 어마어마한 영향을 끼칠 수 있는 능력을 가진다. 그런데 이 의석 중 스물여섯 석은 성공회 주교들에게 할당되어 있다. 그리고 그 스물여섯 석 중 오직 다섯 석만이 여성의 것이라는 사실을 알게 되어도 당신은 놀라지 않을지도 모르겠다.(여자들이 그 역할에 도전할 용기가 없기 때문이라고 주장하는 것은 불가능하다. 2013년까지는 여자가 주교가 되는 것 자체가 금지되어 있었기 때문이다.) 그리고 아흔두 석은 세습 귀족이 차지한다. 단지 누구의 자식으로 태어났다는 이유만으로 국가와 국민의 삶을 지배하는 정치적 권력을 갖는 것이다. 그리고 이 귀족 작위는 대부분 딸이 아니라 아들에게만 상속할 수 있다. 바로 가부장제 때문이다. 이 한 번의 간단한 들여다보기만으로, 우리는 평등하고 가부장적이지 않은 정치제도였어야 마땅한 것에서 거대한 '남성 전용' 구역을 발견해냈다. 영국의 하원의원과 장관 중에서 옥스퍼드나 케임브리지를 졸업한 사람은 몇 명이나 될까?[12] 약 5분의 1이다. 그럼 사립학교를 나온 사람 수는?[13] 약 3분의 1이다. 그렇다면 이 특정한 조건에 해당하는 사람이 영국 인구의 얼마만큼을 차지하는지 아는가? 7퍼센트다. 공립학교를 나온 사람들이 열심히 노력하지 않아서 그렇다는 말은 하지 마라. 연구 결과에 따르면 특권층 백인 남성은 사람을 선발할 때 자기와 비슷한 조건을 가진 사람을 뽑는 경향이 있다.[14] 페미니스트의 용기와 진보의 상징으로 칭송받는 최초의 여성 하원의원 낸시 애스터조차 남편이 하원에서 상원으로 올라가면서 그 자리를 넘겨받은 것이다. 따라서 99.9퍼센트의 여성에게는 불가능한 방법이다. 한편 최근 조사 결과에 따르면[15] 보수당에 300만 파운드(약 50억 원) 이상을 기부한 후원자들은 '귀족 작위를 물려받기로 예정되어 있는 사람'으로 드러났다. 그러니까 결국은 '기회의 평등'처럼 간단한 이야기가 아니란 말이다.

여러 연구에 따르면 앞서 사람들이 제안한 방식으로 여자들이 **행동해도**—예를 들면 더 적극적으로 나서거나 자신의 권리를 주장하거나 협상을 시도하는 등 '남자처럼 행동'해도—여자들은 응징을 당하는 것으로 나타났다. 여자를 '고쳐'봤자 여자들에게 불공평한 시스템이 달라지진 않기 때문이다. 시스템은 어떻게 해서든 여자들에게 불이익을 줄 방법을 찾아낸다.

직장에서 화를 내는 남자는 지위가 올라가는 반면에, 같은 상황에서 화를 내는 여자는 더 낮은 지위와 낮은 임금을 받으며 더 무능하다고 간주된다. 동료들과의 소통 과정에서 똑같이 공격적인 성향을 보였을 때 여자가 받아 마땅하다고 생각되는 임금은 35퍼센트 감소하는데 이 수치는 남자의 두 배에 달한다.[16] 또 여자는 임금 인상을 요구하거나 회의에서 발언을 많이 하거나 협상을 시도했을 때 징계를 당할 가능성이 남자보다 훨씬 높다.[17] 그리고 성취도가 높은 여자는 사내 평가에서 '동료와 마찰이 잦다'는 평가를 받을 가능성이 남자보다 훨씬 높다.[18]

"잠깐만요, 백인 남자들에 의해, 백인 남자들을 위해 만들어진 시스템 속에서 여자가 남자보다 성취도가 낮은 이유가 있을지도 몰라요"라고 말하는 사람은 거의 없다. 우리가 여자를 바꾸는 대신 시스템을 바꾼다면 무슨 일이 일어날지 궁금해하는 사람은 거의 없다. 만약 궁금해하는 사람이 있다면 본인이 조직적 편견을 겪어본 외부인일 가능성이 높다. 예를 들어 대만계 미국인 여성 엘런 파오는 레딧의 CEO로 있는 동안 임금 협상을 아예 없애고 모두가 동일한 초봉을 받도록 제도를 바꿨다.[19] 개개인의 협상에 의해 초봉이 결정되는 기존 제도하에서는 남자들은 강하게 요구하는 반면 여자들은 남자와 똑같이 행동하면 오히려 불이익을 당하기 때문에 처음부터 남녀 임금격차가 벌어지는 결과가 생겼다. 즉 이것은 여자들을 비난하는 대신 시스템을 바꾼 드문 예다. 그리고 이 변화를 만들어낸 사람이 파오라는 사실은 우연이 아니다. 그녀는 자신의 전 고용주인 벤처캐피털 회사를 성차별로 고소한 사람이기 때문이다.(파오는 패소했지만 IT업계 여성들이 받는 불공평한 대우에 관한 사회적 대화를 촉발하는 데 성공했다.)

그리고 파오가 비동의 성적 촬영물의 게시를 금지하고 괴롭힘과 학대의 동의어가 되어버린 레딧 게시판을 폐쇄하려 했을 때는 무슨 일이 일어났을까? 그렇다, 레딧 사용자 수십만 명이 그녀를 축출하라는 서명운동에 참여한 결과, 결국 사임하고 말았다.[20] 이 사용자들은 파오를 "고소로 출세하려는 교활한 인간" 또는 "쌍년"이라고 불렀으며 일부 사용자는 그녀의 얼굴을 주먹으로 때리는 상상을 한다고 말하거나 "엘런파오는씹창년이다" 같은 제목의 게시판을 만들기 시작했다.[21] IT업계에 종사하는 아시아계 미국인 여성 285명 중 임원은 단 한 명이었다는 점에서, 대부분이 백인 남성인 레딧 사용자들이 그녀가 "주제넘게 굴었다"고 비난했다는 점에서 이 사건은 중요하다.[22] 파오가 레딧을 떠날 때에도 "여자 강간"이라는 제목의 게시판은 여전히 살아 있었다. 이 사실이 권력, 우선순위, 진보에 대한 모든 것을 말해준다.[23]

글로리아 스타이넘은 다음과 같은 말을 남겼다. "여자들에게는 여성의 가장 강력한 적이 될 만한 힘이 없다."

여기서 교묘한 속임수가 등장한다. 우리는 시스템을 바꾸는 대신 화제를 바꿨다. 여성 정치인이 활동하는 케케묵은 정치 환경은 전혀 바꾸지 않은 채 정계의 여성 유력 인사에 대해 이야기하기 시작했다. 여자가 모든 가사 노동을 책임져야 한다는 사회적 기대도, 여성의 경력이 출산 때문에 단절되게 만드는 잘못된 제도도 고치지 않은 채로 '다 가진' 여자들에 대해 이야기하기 시작했다. 우리는 여자들이 온몸을 비틀어 더 어렵고 해괴한 자세를 취해서라도 접시돌리기 묘기를 성공해내길 기대한다. 그러나 적응하고, 변화하고, 가랑이가 찢어지는 사람은 여자다. 시스템은 변하지도 조정되지도 않는다. 사람들의 사고방식 또한 거의 변하지 않았다. 1920년에 낸시 애스터는 첫 국회 연설에서 남성 동료들에게 이렇게 말했다.[24] "저는 여러분이 여성 의원을 미친 사람이나 정신 나간 사람으로 보지 않길 원합니다." 2021년에 스텔라 크리시 하원의원이 아기를 안은 채로 국회의사당에 들어가려 하자 경찰관이 그녀를 막아서면서 "당신이 하원의원인 양" 아무 데나 마음대로 들어갈 수 있다고 생각하지 말라고 했다. 이런 사고방식이 정계에만 한정된 것은 아니다. 노벨상 수상 과학자 팀 헌트는 2015년에 어느 콘퍼런스에서 이렇게 말했다.[25] "저에게 여자란 골치 아픈 존재입니다…… 연구실에 여자가 있으면 세 가지 일이 일어나죠…… 교수가 그녀를 사랑하게 되거나, 그녀가 교수를 사랑하게 되거나, 교수가 잘못을 지적하면 그녀가 울음을 터뜨리죠."

정신 건강

우리는 이 모든 것을 '정상' 또는 흔한 장면 또는 원래 그런 것이라고 생각하기 때문에 그것이 여자들의 삶과 정신 건강에 미치는 영향을 고려하지 않는다. 미국 여성 여덟 명 중 한 명은 평생 한 번 이상 우울증을 경험하는데 이 수치는 남성의 두 배에 달한다.[26] 2020년 연구에 따르면[27] 18~24세 영국 여성의 30퍼센트가 불안증을 앓았는데 이 수치 역시 남성의 두 배에 달한다. 사회가 여성에게만 기대하는 보이지 않는 노동이 그 원인 중 하나라는 증거를 찾는 것은 어렵지 않다. 여러 연구에 따르면[28] 코로나 봉쇄령 동안 정신 건강이 위험한 수준에 다다른 여성의 수가 급증했다. 왜냐하면 여자들이 원래부터 담당하고 있던 무급 돌봄 노동과 가사 노동의 양이 엄청나게 증가한 데다, 이들 대부분이 직장 여성이어서 바깥일과 병행하는 것도 힘들었고, 더군다나 가정폭력의 피해자인 경우에는 가해자와 함께 집 안에 갇히게 되었기 때문이다. 그 결과 여성의 27퍼센트가 정신 건강이 악화되었다고 호소한 반면 남성의 경우는 10퍼센트에 불과했다.

문제가 존재한다는 사실을 인정하지 않는 것은 여자들이 홀로 그 결과를 감내하게끔 방치하는 것과 같다.

그리고 그 피해와 고통의 흔적은 일상 속 성차별 프로젝트에 공유된 사연 수십만 개에서 명명백백히 발견할 수 있다.

두 번이나 강간당한 어느 여성은 이렇게 적었다. "나는 더러움과 고통과 잃어버린 세월을 아직도 완전히 씻어내지 못했다. 연애도 못하고 병원을 끊을 수도 없다. 주위에 아무도 없었으면 좋겠다…… 누구보다도 충만한 삶을 살고 싶은데 나도 이런 내가 싫다."

성폭력은 장기간에 걸친 어마어마한 트라우마를 낳고 피해자도 수백만 명에 이른다. 하지만 이보다 훨씬 더 흔한 경험임에도 트라우마를 남기는 것들이 있다. 여자가 당연히 남자보다 열등하다고 생각하는 것. 가족 내에서의 사소한 성차별. 공공장소에서 지속적으로 느끼는 불안감. 그런 공포와 경계의 감각을 자기도 모르게 당연시하는 것.

커플 상담가이자 연애 심리 전문가인 수전 퀼리엄은 말

한다. "일상적 성차별이 남기는 지속적인 트라우마를 우리는 거의 알아채지 못하며 설사 알아차린다 해도 트라우마로 분류하지 않는다. 그러나 그것은 트라우마다…… 사회가 인정하지 않는 지속적인 트라우마다."

사랑의 방식

태어났을 때부터 가족과 맺는 관계, 좀 더 자라서 타인과 맺는 관계들을 통해 어린 시절에 뿌려진 차별의 씨앗은 불평등하고 불만족스러운 부부 관계와 성생활을 낳을 수 있다. 그리고 이번에도 만연한 성 고정관념과 성역할 때문에, 바로 눈앞에서 일어나고 있는 일을 보고도 무엇이 억압적이고 불공평한지 알아차리지 못할 수도 있다.

여자가 사춘기에 들어서면서부터 남자들에게 일종의 성적 의무를 진다는 생각은 터무니없고 위험하지만 나는 오랫동안 이런 생각을 갖고 있었다. 나는 때때로 내가 섹스를 하는 동기가 무엇일까 생각한다. 섹스는 좋아하지만 성적 긴장감이 높은 상황에서 드는 느낌은 싫다.

예를 들면 내가 상대방을 흥분하게 만들었기 때문에 그 것을 해소해줘야 할 의무가 있다는 듯한 느낌 말이다.

여자가 집안일, 요리, 감정 노동(가족들 생일 챙기기, 친척들 불러 모으기, 감사 카드 쓰기), 무급 돌봄노동의 대부분을 맡는 가정에서 자란 사람은 어른이 되어서도 불공평한 노동 분배에 의문을 품지 않은 채 그대로 답습하기 쉽다. 이 경우에도 우리는 세상이 왜 '이런 식으로 돌아가는지'에 대한 핑계를 만들기 위해 이런 문제들을 각각 별개로 취급하는 경향이 있다. "내가 아이를 돌보는 게 맞으니까." "남편이 청소기 돌리는 걸 싫어해서." "남편을 가르치느니 내가 하는 게 편하니까."

남편은 나와 가사를 분담해야 한다는 인식은 있기 때문에 (가끔) 청소하거나 식사를 준비하긴 하지만 매번 뭘 하라고 내가 지시해야만 한다. 나는 이 집의 경영자다. 나 혼자 우리의 생활을 계획하고 남편의 '도움'을 요청한다. 동등한 협력관계라고 보긴 어렵다…… 내 아이들은 엄마 혼자서 살림 꾸리는 것을 보면서 자랄 것이다. 세상은 여자와 남자가 동등하게 책임을 나눌 수 있다고 세뇌하려 하지만 실제로는 대부분 동등하게 나누지 않는다.

우리는 디즈니 공주님과 동화 같은 결말—여기에서 여자에게 궁극적인 성공은 잘생긴 왕자님을 만나는 것으로 묘사된다—로 가득한 어린 시절을 보내고, (경제가 돌아가기 위해서는 이성애 결혼이 제공하는 무급 노동을 필요로 하는) 사회로부터 결혼을 최고의 업적으로 간주하라는 압력을 받기 때문에, 남자와 함께하는 삶이 나에게 어떤 감정을 불러일으키는지 또는 내가 결혼을 하지 않을 경우에는 어떤 인생을 살 수 있을지보다 일단 남자를 찾아내서 결혼하는 것이 중요하다는 메시지에 수긍하기 쉽다.

그리고 우리는 성희롱과 괴롭힘이 매일같이 일어나는 세상에서 살기 때문에 최소한의 예의를 엄청난 친절과 관대함으로 착각하기 쉽다. 불평등하게 살기 쉽고, 받는 것보다 많이 주기 쉽고, 당연히 받아야 하는 것에 감사하기 쉽다.

우리가 기저귀 가는 남자는 성자로, 가끔 브런치를 만들어주는 남자친구는 다듬어지지 않은 원석으로, 공감 잘하는 남자는 희귀한 보물로 보면서 여자에게는 이 모든 것을 당연하게 기대하는 사회에서 산다는 사실은 도움이 되지 않는다.

대부분의 사람이 어렸을 때부터 경험하는, 당연시되는 성차별과 괴롭힘은 성인이 된 후의 연인 관계에 우리가 알아차리지 못하는 방식으로 영향을 미칠 수 있다. "우리는 남을 믿지 못하고 자기 자신도 믿지 못하게 된다"라고 퀼리엄은 말한다. "우리는 섹스나 연인 관계에서 자기가 뭘 원하는지 안다고 믿지 않는다. '그건 잘못된 거야'라는 마음의 소리에도 귀를 기울이지 않고, '그게 맞는 거야'라는 마음의 소리에도 귀를 기울이지 않는다…… 여자들은 연인 관계에서 지속적인, 영구적인, 무의식적인 불안감을 느끼는 경우가 많다."

우리는 섹스를 할 때 남자는 지배하고 여자는 지배되는 것이 당연하다는 메시지의 융단폭격을 맞으며 자란다. 포르노는 우리에게 섹스는 남자의 '욕구'를 충족하기 위해 남자가 여자에게 힘으로 하는 공격적인 행위라고 가르친다. 자기 자신의 섹스 취향을 아는 여자는 사디스트라고 놀림을 받거나 문란한 사람으로 묘사된다. 그 결과 우리는 자신의 섹스 취향에 대해 이야기하는 것이, 대담한 욕구와 욕망을 갖는 것이, 남성 파트너가 그 욕구와 욕망을 충족해주길 기대하는 것이 여성스럽지 않다고 배운다.

내가 퀼리엄에게 우리 사회의 성규범—예를 들면 남자의 성욕이 여자보다 강하다든가 여자가 잠자리가 불만족스럽다는 이야기를 하는 것은 부적절하다는 생각—때문에 여자들이 수동적이고 소극적일 수밖에 없는 것 아니냐고 묻자 그녀는 단언한다. "실제로는 그보다 더 심각하다. 우리는 여자들에게 그들이 무엇을 원하는지 스스로 질문해선 안 된다고 가르친다. 자신이 무엇을 원하는지를 아는 것조차 여자들에게는 허용되지 않는 것이다." 그러니 그것을 다른 사람에게 말할 용기를 가지라고 가르칠 리 만무하다.

또 그녀는 이성애 커플에게는 삽입 섹스가 '표준'으로 인식되기 때문에 여자들은 그것이 자신에게 생리적으로 맞지 않아도 자신의 욕망을 '표준'과 비교 평가할 수밖에 없다는 점을 지적한다. 바꿔 말하면 섹스에 대한 남성중심적, 이성애 규범적 시각을 주입하는 사회에서는 그런 관점을 무비판적으로 받아들이기 쉽다는 것이다. 그리고 그런 가치관은 남자의 욕망을 여자의 쾌감보다 우선시하는 불만스러운 관계에서 드러나기 쉽다. 여성 2300명 이상을 대상으로 한 연구 결과에 따르면[29] 남성 파트너와 섹스를 했을 때 오르가슴을 느낀 사람은 57퍼센트에 불과했다. 반면에 여성 파트너와 섹스를 했을 때 오르가슴을 느낀 남성은

95퍼센트였고 레즈비언 여성이 오르가슴을 느낀 비율은 75퍼센트였다.

여기서도 피할 수 없는 연관관계가 나온다. 바로 남성을 위해 여성의 몸을 상품화하고, 젊은이들에게 섹스에 대한 잘못된 인식을 심어주고, 인신매매 및 현대판 노예제와 공생관계에 있는, 120억 달러 규모의 세계 포르노 산업과의 연관성이다.[30] 포르노를 대체할 수 있는 건강한 연인 관계 및 성적 합의에 관한 정보가 없는 상태에서 이 산업의 영향력은 너무나 커서 수백만 명의 삶과 연인 관계에 영향을 미치고 있다. 그리고 포르노는 여성혐오적, 인종차별적, 장애인 차별적인 기준을 생산하고 유지하는 산업이기 때문에 우리의 일상생활과 가장 내밀한 경험에 그런 형태의 억압이 스며들게끔 돕는 시스템의 일부이기도 하다.

> 내 전남편은 어느 날 남자가 여자의 가슴 사이에 성기를 끼우는 섹스를 하고 나서 그녀의 얼굴에 사정하는 포르노를 봤다. 얼마 후, 아무런 예고도 없이, 그가 갑자기 내 배 위에 올라타더니 두 손으로 내 가슴을 모으고 그 사이에 자신의 발기한 성기를 끼우고는 내 가슴 사이에서 가고 싶다고 외치기 시작했다. 나는 겁에 질렸다.

그는 몸이 좋진 않았지만 나보다 훨씬 힘이 셌고 체중이 18~22킬로 정도 더 나가서 숨을 쉴 수가 없었기 때문이다. 하지만 내가 숨 막힌다며 그의 손을 밀쳐내도 그는 계속 똑같은 말을 외치기만 했다. 어찌어찌 고개를 돌려서 내 얼굴에 사정하는 것은 피했지만 간발의 차였다. 다 끝나고 나자 그는 내 위에서 내려가 그대로 잠들었고 나는 혼자 뒤처리를 해야 했다. 이튿날 제대로 대화를 해보려 했더니 그는 그런 일이 있었다는 것 자체를 부인했다. 거의 20년 가까이 지나고 나서야 나는 내가 강간당했음을 깨달았다.

몸

가부장적, 인종차별적, 연령 차별적, 자본주의적 시스템이 여성의 몸을, 남자가 돈 주고 사서 멋대로 다룰 수 있는 성적 대상화된 물품으로 사용하는 것은 몸에 대한 우리 자신의 인식에도 막대한 영향을 미친다. 우리 사회에서 당연시되는 다른 모든 형태의 여성혐오처럼 이것 또한 신체 이미지 왜곡의 원인이라는 사실을 우리가 깨닫지 못하더라도 말이다. 설사 깨닫는다 하더라도 우리는 여전히 이 문제를 해결할 방법을 모를 수도 있다.

우리는 매일 나체에 가까운 여자 몸의 이미지를 수백 개씩 접한다. 하나같이 불가능하고 비현실적인 미의 기준에 맞는 이 이미지들은 피부가 하얗고, 몸이 마르고, 가슴이 크고, 머리는 긴 금발이고, 나이가 젊고, 두꺼운 화장을 하고, 비장애인이고, 체모가 하나도 없는 여자들이 인간 욕망과 성공의 정점이어야 한다고 암시한다. 이 메시지가 여자들에게 유발하는, 자기 몸과의 부정적이고 파괴적인 관계는 평생을 간다. 그것은 우리의 돈, 사고思考, 자신감, 시간, 에너지를 소모할 것이다. 우리가 음식, 운동, 옷, 사회활동, 거침없는 섹스에서 얻는 단순한 기쁨을 박탈할 것이다. 자기 자신과의 관계를, 다른 사람들과의 관계를 망가뜨릴 것이다. 자신의 가치를 평가하는 방식, 다른 사람들이 우리를 평가하는 방식, 우리가 평가받아 마땅하다고 생각하는 방식에 영향을 미칠 것이다. 적절한 건강관리를 받지 못하게 할 것이다. 그것이 우리 삶에 끼치는 영향은 어마어마할 수 있고, 그런데도 우리가 그 사실을 전혀 알아차리지 못할 수도 있다. 왜냐하면 이번에도 세상이 불안, 뱃살에 대한 집착, 자기혐오, 갱년기에 대한 수치심이 원래부터 우리의 일부라고 말할 것이기 때문이다.

모트 박사는 말한다. "우리 중 대다수는 여성의 몸에 대한, 대중매체의 끊임없는 검열 때문에 우리가 정말로 살고 싶은 삶을 살지 못한다. 대중매체가 설파하는, 우리 사회의 미의 기준은 모든 여자가 특정 사이즈, 특정 체형, 특정 나이여야 한다고 말하고 있어서 절대 도달할 수 없기 때문이다."

우리는 수치심, 걱정, 몸 관리를 위해 매일 하는 일, 꼭 '필요한' 몸단장에 드는 시간, 끊임없는 자기비판, 자신은 사랑받을 자격이 부족하다는 생각, 자신의 가치가 체중계의 숫자나 허벅지 사이의 간격에 의해 결정된다는 생각에 너무나 익숙해져 있어서 이런 것들이 존재한다는 사실을 더 이상 알아차리지도 못한다. 그것은 그냥 우리가 가진 수많은 문제 중 하나가 될 것이다. 그리고 설사 그 존재를 알아차린다 하더라도 다시 한번 자신을 탓할 것이다. 이 사회가 안겨준 트라우마를 개인의 기벽이나 결함으로 생각할 것이다. 전부 우리 잘못이라고 생각할 것이다.

이 사회는 이런 상태를 유지할 필요가 있다. 우리가 틀 안에 갇힌 채, 자기 자신을 탓하면서, 소통하지 않고, 매일 우리 삶에 영향을 미치는 불의의 진짜 규모를 모르는 채로 둘 필요가 있다. 그래야 우리의 종속과 무급 노동을 통해 번창하는, 완전히 불공정한 시스템을 계속해서 운용할 수 있기 때문이다. 만약 우리가 점과 점을 이어서 이런 생각들이 우리가 이등 시민으로 간주되는 세상, 우리의 몸이 성희롱해도 되는 공공재산인 세상, 자신의 생식기에 대한 결정을 스스로 내릴 존엄과 권리도 보장받지 못하는 세상, 타인을 위해 자신이 성적 대상화되는 것은 허락해야 마땅하지만 섹스를 즐기면 수치를 당하는 세상, 여자가 낮은 임금을 받고 목소리를 내지 못하고 착취당하고 억압당하고 학대당하는 세상과 연결되어 있다는 사실을 깨닫는다면 아마 그 모든 것에 대항하여 봉기할 것이기 때문이다. 그것은 시스템에, 그리고 시스템을 운영하고 그로부터 이익을 취하는 백인 남자들에게 재앙일 것이다.

그러나 이 중 어느 것도 딱히 은밀히 이루어지고 있지는 않다. 여성의 몸에 대한 가부장적 통제와 여성의 성생활에 대한 감시는 너무 당연시되어서 상찬되기까지 한다. 내가 이 글을 쓰는 동안에도 가수 피터 안드레이는 트위터에 교복을 입은 자기 딸 사진과 함께 다음과 같은 글을 올렸다.[31] "자, 수녀가 되려면 어떻게 해야 하냐면……." 이 트윗에는 그가 얼마나 훌륭하고 다정한 아버지인지를 칭찬하는 수많은 댓글이 달렸다.

⁂

각 사회에서 당연시되는 것은 상황에 따라 다르게 해석된다. 어떤 경우에는 여자들의 '선택'이라고 하고, 또 어떤 경우에는 '문화'라고 한다. 그러나 어떤 경우에서든 권력의 불균형이라는 현실을 가리는 방법을 발견할 수 있다.

정신치료자이자 여성운동가인 레일라 시라드 후세인 박사는 여성 대상 폭력을 종식하기 위해 수십 년째 싸워왔다. 그녀는 여성할례를 '문화'가 아닌 여성 대상 폭력으로 인식하는 것의 중요성에 대해 강력하게 발언해왔다. 여성할례란 아무런 의학적 이유 없이 여성의 성기를 고의로 절제 또는 훼손하거나 외음부를 제거하는 것을 말한다. 대부분 열여덟 살 미만의 소녀들에게 행해지며 여성할례를 받은 전 세계 생존자는 현재 2억 명에 달한다.[32]

"여성할례는 지금껏 별개 문제처럼 다뤄져왔다." 후세인이 설명한다. "그러나 그것은 별개 문제가 아니다…… 그것은 여성의 몸에 대한 통제와 관련이 있다. 여성의 성생활에 대한 통제와 관련이 있다. 그것이 여성할례를 행하는 이유다. 나는 여성할례가 종교적 문화라는 말을 듣는 것에 신물이 난다. 그것은 소녀들이 잔인하게 난도질당하는 이유가 아니다."

후세인은 여성할례와 소음순 성형술 간의 놀라운 유사성을 지적한다. 그녀는 소음순 성형술이 영국에서 합법이란 사실을 알고 큰 충격을 받았다. 소음순 성형술이란 아무런 의학적 이유 없이 소음순의 크기를 줄이거나 외형을 바꾸는 수술을 말한다. 후세인은 백인 여성들에게 이 수술을 받은 이유를 물었다. 한 명은 남자친구가 자신보다 어린 여자를 찾아 떠날까봐 두려워서라고 대답했다. 또 한 명은 "예뻐지라고 좀 다듬었어요"라고 말했다.

"여성할례 옹호자들이 하는 말이 무엇인가?" 후세인이 고개를 내젓는다. "너는 미래의 남편을 위해 좁은 질을 가져야 한다고 말한다…… 그러니까 거의 똑같은 논리다. 같은 가부장제하에서 사는 여자라도 백인이 하면 그것은 '소음순 성형술'이 된다. 더 이상 야만적인 행위가 아니다." 후세인의 말에 따르면, 여자들은 "어렸을 때 현실에서는 포르노와 달리 사람마다 질이 다 다르게 생겼다고 배우는 대신" 소음순 성형술이 그들의 '정신 건강'에 도움이 될 거라는 말을 듣는다. 그녀는 소음순 성형술이 영국에서 가장 빠른 속도로 증가 중인 성형수술임을 나타내는 통계를 보여준다.[33] 2003년과 2013년 사이에 그 수치는 다섯 배로 증가했고 2015~2016년에 국립병원에서 18세 미만 소녀들에게 행해진 수술만 200건에 달하며 그중 150명은 15세 미만이었다. 그녀는 믿기지 않는다는 웃음을 짓는다. "그러니까 이 열다섯 살 소녀에게 일어나는 일은 야만 행위이지만 이 소녀가 하는 것은 선택이란 말인가?"

근본적으로 이것은 "일찍부터 소녀들에게 그들의 몸에 문제가 있다고 말하는" 사회 때문이라고 그녀는 말한다. 그것은 여성들에 대한 가부장적 억압 때문이다. 이 문제에 대해 우리가 보이는 일관성 없는 반응은 백인우월주의와 가부장제가 얼마나 밀접하게 엮여 있는지를 보여준다. "젠더 이야기를 하면서 인종 이야기를 하지 않을 수는 없다. 한마디로 불가능하다. 그 둘은 서로 연결되어 있기 때문이다." 후세인은 자신의 경험을 간결하게 요약함으로써 이를 증명한다. "나는 여자로 태어났기 때문에 할례를 당했다. 하지만 법의 도움을 받을 수는 없었다. 왜냐하면, 내가 속한 시스템에 의하면, 내가 흑인이고 나의 가족이……." 그녀가 말끝을 흐린다. 2021년 9월 기준으로 영국에서 여성할례로 유죄판결을 받은 사람은 단 한 명에 불과하다. 후세인은 한 백인 여자의 연락을 받았다. 그녀는 열세 살 때 부모에게 자기가 레즈비언이라고 말했다. 그러자 아버지가 그녀의 성기에 칼날을 갖다 댔다. "왜냐고? 자기 딸이 음핵으로 동성과의 섹스를 즐긴다고 믿었기 때문이다. 그는 생각했다. '내가 이걸 망가뜨려야겠어.' 그것은 여성의 성생활에 대한 통제와 관련이 있다. 논리의 흐름이 얼마나 비슷한지 알겠나?" 그 남자는 결국 아동학대, 방임, 성폭력으로 유죄판결을 받았다. "그러나 만약 그녀가 나와 같은 유색인이었다면 전혀 다른 정책과 법률이 적용됐을 것이다."

후세인이 계속해서 말한다.

> 이것은 폭력이다. 이것을 전통이라고 부르지 마라. 문화라고 부르지 마라. 언어는 아주 강력한 도구다. 나에게 문화적 전통이란 음식, 춤, 내가 입는 옷을 말한다. 만약 당신이 내 인생에서 가장 끔찍했던 경험 중 하나를 문화라고 부른다면 그것은 모욕이자 인종차별이다. 내가 백인이었다면 당신은 그것을 문화라고 부르지 않았을 것이다. 우리는 우리가 여전히 가부장제 사회 속에서 살고 있음을 깨달을 필요가 있다. 그리고 그 사회는 인종차별적이다.

맨체스터 출신 여성할례 철폐 운동가인 님코 알리는 일곱 살 때 담임교사에게 자기가 방학 동안 외국에 가서 할례를 받고 왔다고 말했다.[34] 그러자 교사는 그녀에게 그것이 "성인식 같은 것"이라고 말했다.

그러니까 소음순 성형술은 "개인의 선택"이라고 표현된다. 여성할례는 "문화적 문제"로 불린다. 가정폭력 피해자들은 왜 진작 남편을 떠나지 않았느냐고 비난당한다. 강간 생존자들은 옷차림과 행동을 품평당한다. 이런 단호한 주장들이 얼마나 터무니없는지는 중요치 않다.

여자를 비난하거나 가부장제의 억압을 '개인의 선택'이라고 부르는 것은 사회 전체가 규범, 정치구조, 사법체제 및 검경을 통해 불평등은 유지하고 악화시키면서 저항운동은 방해한다는 사실을 인식하기보다 훨씬 쉽다. 매년 수만 명의 남성이 고의적인 폭력 범죄를 저지르고도 아무런 처벌도 받지 않고 넘어간다는 사실을 인정하기보다 훨씬 쉽다.

여자를 비난하는 것은 보다 안전한 선택으로 보인다. 그래야 문제를 간단히 파악할 수 있기 때문이다. 문제를 야기하는 것이 여자들이라면 다른 어느 누구의 책임도 아니다. 문제를 야기하는 것이 여자들이라면 시스템에는 손볼

곳이 없다는 뜻이다. 만약 그것이 여자들의 잘못에 의해 일어난 일이라면 우리는 모두 안심할 수 있다. 우리에게는 정의가 보장될 테고, 잘못을 하지 않은 사람은 법의 보호를 받고 무죄가 입증될 것이기 때문이다. 만약 그것이 여자들 탓이라면 우리는 제도를 개혁할 필요도 없고, 구조적 문제를 뿌리 뽑을 필요도 없으며, 결정적으로 남자들에게 아무것도 요구하지 않아도 된다.

우리는 이런 구조적 문제를 해결할 필요성을 인식하는 대신 여자들이 당하는 강간과 살해와 폭행과 괴롭힘을 일회성 사건으로, 개인의 선택에 따른 결과로, 개별적 문제로, 독립 사건으로 생각한다.

'독립 사건'

"주택에서 한 여성의 시신이 발견된 사건과 관련하여 두 남성이 살인 혐의로 체포되었다. 초동수사에 따르면 피해자는 여러 번 칼에 찔렸다고 한다. 셰릴 채터턴 경감은 경찰이 이 사건을 '독립 사건'으로 다루고 있다고 밝혔다."

⁂

"2월 22일 어제 세인트아이브스 모처에서 한 여성을 살해한 혐의로 체포된 40세 남성이 경찰에 구금되었다. 데일 멥스테드 경위는 '이 사건은 확실한 독립 사건임을 국민 여러분에게 보장한다'고 말했다."

⌘

"한 70대 여성이 안타깝게도 시신으로 발견되었다…… 서리·서식스 중대 범죄반의 크리스 프라이데이 경감은 '현재 이 사건은 비극적인 독립 사건으로 수사 중이다'라고 발표했다."

⌘

독립 사건. 충격적인. 비극적인. 예상 밖의. 막을 수 없었던.

하지만 사흘에 한 번꼴로 일어나는 일은 독립 사건이 아니며 그것이 영국에서 여자가 남자에게 살해당하는 빈도다. 전 세계적으로 **매일** 137명의 여자가 가족에게 살해당한다. 이것들은 독립 사건이 아니다. 그 반대다. 그리고 독립 사건의 반대는 패턴이다.

2021년 3월 3일. 한 젊은 여자가 클래펌에서 실종된다. 그녀의 이름은 세라 에버라드. 그 후 며칠 동안 인터넷과 신문이 세라의 사진으로 도배된다. 그녀의 상냥하고 아름다운 미소가 사방에서 환하게 빛난다. 뉴스 사이트에서는 그녀가 실종된 날 입고 있었던 옷의 사진이 공개된다. 녹색 우비. 하얀색 다이아몬드 무늬가 있는 남색 바지. 청록색과 주황색이 섞인 운동화. 녹색 이어폰과 하얀 털모자. 그리고 며칠 뒤 시신이 켄트주 애시퍼드의 숲속에서 발견된다.

사람들은 충격을 받는다. 어떻게 2021년 영국에서 여자에게 이런 일이 일어날 수 있단 말인가? 분노와 슬픔, 언론 보도가 줄을 잇는다. 거의 모든 주요 신문 1면에 세라의 사진이 실리고 해외 매체에서도 보도된다. "세라 에버라드, 여성 실종 사건이 영국을 충격에 빠뜨리다."[1] 그녀의 실종은 기괴하고 충격적인 비일상이다.

그러나 사실은 그렇지 않다.

세라의 죽음은 끔찍한 비극이고, 가족과 친구들에게는 가슴 아픈 일이며, 온 국민이 애도하는 것이 당연하다. 다만 절대로 비일상은 아니다.

세라가 실종되기 전날, 서맨사 히프라는 여성이 체셔주 콩글턴에서 시신으로 발견되었다.[2] 그리고 얼마 후, 한 남자가 그녀를 살해한 혐의로 기소되었다. 이 사건은 신문 1면에 실리지 못했다. 세라가 실종된 다음 날, 기티카 고열이 레스터의 인도 위에서 자상을 입은 채 발견되었으나 곧 사망했다.[3] 얼마 뒤, 한 남자가 그녀를 살해한 혐의로 기소되었다. 이 사건은 머리기사를 많이 장식하지는 못했다. 같은 날, 이머전 보하이추크가 올덤의 한 건물에서 시신으로 발견되었다.[4] 이 시신은 너무 심하게 훼손되어서 치열로 신원을 확인해야 했다. 이 사건은 지역신문에서만 보도되었다가 몇 달 후 남자친구가 이머전을 살해하고 나서 그녀의 다리에 매니큐어로 "내가 그랬어"라고 적은 혐의로 유죄판결을 받자 그제야 전국 매체를 통해 보도되었다.[5] 심지어 그때도 큰 반향을 불러일으키진 못했다. 이 사건은 완전히 외면당했고 몇몇 지역신문과 BBC 뉴스 홈페이지에 단신으로 보도된 것이 다였다. 이튿날 10대 소녀 원징 린이 웨일스 론다에서 시신으로 발견되었다.[6] 두 남자가 체포되었고 그중 한 명이 살인 혐의를 받았다. 이 사건을 아는 사람은 극히 드물었다. 그달이 끝나기 전에 적어도 여덟 명의 여성이 더 살해당했고 남자들이 살인 혐의로 기소되었다.[7]

그해 4월에는 열네 명의 여성이 남성에게 살해당한다. 5월에는 수전 부스, 마야 줄피카, 마리아 롤링스, 셰니즈 그레고리, 애그니스 에이컴, 웬디 콜, 스베틀라나 미할라치, 니컬라 커크, 아기타 게슬레어, 로런 윌슨, 페니나 카베바, 질 히커리, 베서니 빈센트가 사망한다. 이 중에 들어본 이름이 있는가?[8]

당신은 아마 들어보지 못했을 것이다. 이 사실이 이상하게 느껴지지 않나? 여자들이 수백 명씩 죽어가고 있는데 우리가 거의 들어본 적이 없다는 사실이?

당신이 그들의 이름을 들어보지 못한 것은 우연이 아니다. 영국 여성 네 명 중 한 명은 가정폭력을 경험하고 1년에 8만 5000명은 강간 또는 강간 미수를 겪는다. 우리는 이 사건들을 당연시하고 지워버리는 시스템 속에서 살고 있다. 경찰은 툭하면 잘못 기록하고 때로는 피해자를 비웃기까지 한다. 정치인들은 이 사건들이 더 큰 위기의 일부임을 알아차리지 못한다. 언론은 어쩌다 보도해도 피해자를 기회주의적이고 문란한 여성으로 묘사하는 경우가 많다. 사회는 그것이 여자를 평가하는 방식을 근거로 어떤 피해자를 다른 피해자보다 우선시함으로써 안 그래도 주목받기 힘든 이야기가 알려질 가능성을 더욱 낮춘다. 문화는 여자들이 자초한 일이라며, 그들이 남자들을 자극하기 때문이라며 비난한다. 사법기관은 피해자가 경찰에 고소를 해도 가해자의 98.6퍼센트를 무죄방면한다.[9]

이 일은 지금도 실시간으로 일어나고 있다. 시스템이 사건을 최소화하고 일축하고 무마하기 위한 조치를 취하고 있다. 네 조그맣고 예쁜 머리로 걱정하지 마. 점과 점을 연결하지 마. 그 여자는 뭘 잘못했어? 독립 사건. 극히 드문. 비극적인. 물 흐리는 미꾸라지. 미친놈. 성범죄 또는 성별 기반 범죄에 대한 사회의 반응은 모든 면에서 애초에 그 범죄를 가능케 한 시스템적 조건을 복제하고 강화한다. 그리고 이 사건들의 상호 연결성과 규모를 우리가 보지 못하게 함으로써 시스템 차원의 해결책을 논외로 만들어버린다.

세라 에버라드가 실종된 후, 클래펌의 여성들은 경찰이 집집마다 방문해서 절대 혼자 외출하지 말라고 경고했다고 기자들에게 말했다.[10] 무대는 준비됐다. 우리의 안전을 지켜야 할 자들의 메시지는 처음부터 명확했다. 이것은 **여자들** 문제다. 여자들이 더 조심해야 한다. 강간과 살인을 피하는 것은 여자들 책임이다. 남자들 집을 가가호호 방문해서, 그들 중 누가 이런 짓을 저질렀는지 경찰이 밝혀낼 때까지 외출하지 말라고 한 사람은 아무도 없었다.(그렇다, 통계에 따르면 범인은 남성일 가능성이 압도적으로 높다.) "우리가 이 사건을 해결할 때까지는 안전을 위해 남자들이 밤에 외출하지 못하게 해야 할 것 같다. 그게 상식 아닌가?"라고 말한 사람도 아무도 없었다. 이런 경우에는, 우리가 상식이라 부르는 것이 절대 상식적이지 않기 때문이다. 그것은 그냥 어렸을 때부터 우리에게 주입되어온 메시지의 재생

산일 뿐이다. "딸들을 가둬놔요." 놀이방에서 통통하고 귀여운 남자아이가 천사 같은 여자아이 옆으로 아장아장 걸어가면 사람들은 명랑하게 외친다. 하지만 그 말이 정말로 무슨 뜻인지 생각해본 적 있는가? 그 여자 아기들의 집을 20여 년 후에 방문한 경찰관이 정확히 이렇게 말할지도 모른다. 집에서 나오지 마라. 자기 안전을 스스로 지켜라. 외출을 피하고 자제해라. 왜냐하면 남성의 폭력은 불가피하기 때문이다. 그 부분은 우리가 어떻게 할 수 없지만 그 대신 당신을 감시할 수는 있다.

이 논리는 인터넷에서도 반복된다. 다음 문구들은 한동안 트위터 트렌드에 머물렀다.

"#그녀는집에걸어가고있었을뿐이다."

"#그녀는아무런잘못도하지않았다."

"#모든남자가다그런건아니다."

여자들은 아주아주 어렸을 때부터 '옳은 행동'이 무엇인지 배운다. 한번은 작은 시골 마을—도로가 돌로 포장되어 있고 기념품이 지나치게 비싼—학교에서 열세 살, 열네 살 학생들과 워크숍을 한 적이 있었다. 광고와 롤 모델에 대한 대화 도중에 학생들에게 반대 성별로 다시 태어난다면 삶이 어떻게 바뀔 것 같냐고 물어봤다. 나는 취미나 옷 같은 가벼운 답변을 예상했으므로 나중에 광고와 성역할 속의 성차별에 대한 고찰에 활용할 작정이었다. 그런데 한 여학생이 머뭇거리며 손을 들더니 정확히 이렇게 말했다. "제가 남자로 다시 태어난다면 항상 두려움에 떨지 않아도 될 거예요." 내가 다른 여학생들도 그렇게 생각하냐고 묻자 전원이 손을 들었다. 그리고 자신들의 이야기를 들려줬다. 겨울에는 어두워지기 전에 집에 가기 위해 일찍 하교한다는 이야기, 친구랑 같이 가기 위해 시간표를 바꾼다는 이야기, 공격당할 경우에 대비해 하키 채를 꼭 쥐고 다닌다는 이야기. 이제 겨우 열세 살에 불과했는데도 그들은 이미 자기 몸은 스스로 지켜야 한다고 생각하고 있었다. 그들은 구세대 여자들이 사용했던 대처법과 안전 조치 대부분을 이미 습득하고 있었다.

- 무기가 필요할 때를 대비해 손마디 사이에 열쇠 끼우기
- 길을 걷다가 남자들이 모여 있으면 반대편으로 건너가기
- 조명이 어둡거나 나무가 우거진 곳을 피하기 위해 멀리 돌아가기
- 성희롱당한 적이 있는 곳을 피하기 위해 통근이나 등교 경로 바꾸기

- 실외에서 운동하다가 성희롱을 당한 후에는 실내 운동으로 바꾸거나 아예 운동을 그만두기
- 혼자 살지 않는 척하려고 자동응답기에 남자 목소리 녹음해놓기
- 가짜 결혼반지 끼기
- 후추 스프레이나 칼, 적어도 디오더런트 스프레이처럼 무기로 쓸 수 있는 것 가지고 다니기
- 가까운 사람에게 행선지 말하고 외출하기
- 친구나 연인에게 내 위치를 전송하는 앱 사용하기
- 여자친구들과 헤어진 후에 집에 무사히 도착했다는 문자 보내기
- 화장실에 여럿이 같이 가기
- 여럿이 같이 춤추기
- 술집에서 손으로 술잔 위를 덮고 누가 내 술에 약을 타지 않는지 매의 눈으로 감시하기
- 호루라기나 경보기 가지고 다니기
- 불법 택시가 아닌지 두 번, 세 번 확인하고 타기
- 성희롱을 피하기 위해 옷차림 바꾸기
- 원치 않는 남자들의 접근을 피하기 위해 음악을 듣지 않을 때도 헤드폰 쓰기

- 누가 뒤에서 덮치지 않는지 확인하기 위해 헤드폰 쓰지 않기
- 뛰어야 할 경우에 대비해 단화 신기
- 원치 않는 관심을 끌지 않기 위해 머리 묶기
- 머리채를 쉽게 잡히지 않기 위해 머리 묶지 않기
- 학교 복도에서 남학생들을 등지지 않기
- 쉬는 시간에 운동장에서 벽에 기대서 있기

이 목록을 읽고 충격받는 사람이 있을 수도 있다. 여자들은 자신의 무의식적인 습관 같은 것이 이렇게나 많다는 사실을 알고 충격받을 수 있다. 나만 이런 것이 아니라는 사실에, 다른 여자들도 똑같이 하고 있다는 사실에 충격받을 수 있다. 내가 '편집증적'이거나 예민한 게 아니라는 사실을 깨닫고 충격받을 수 있다. 이것이 거의 매 순간 내 안위를 걱정해야 함을 경험으로 배우는 세상, 이 말도 안 되는 현실을 고칠 책임이 나에게 있다고 믿게끔 사회화하는 세상 속에서 자란 결과임을 깨닫고 충격받을 수 있다. 자신이 이렇게 쉼 없는 극도의 경계 상태로 너무 오래 있었던 나머지 그것이 정상이 아니라는 것조차 알아차리지 못하게 되었음을 깨닫고 충격받을 수 있다.

대부분의 남자들에게 이 목록은 여자들과는 다른 이유로 충격적이다. 자신이 이런 조치를 취할 생각조차 해본 적이 없다는 깨달음. 그들이 사랑하고 아끼는 여자들이 이 모든 일, 심지어 그 이상을 매일 한다는 사실로 인한 충격.

> 대학교 때 내 남사친은 자신이 홀로 하는 밤 산책을 얼마나 좋아하는지 이야기하곤 했다. 별빛 아래서 인적 없는 거리를 몇 시간씩 걷기도 하고 때로는 일출을 보기도 했다고. 그가 이야기하는 즐거움과 고요가 너무 부러워서 눈물이 날 뻔했다. 그가 '너도 해보지 그러냐'고 물었을 때 나는 그가 아무것도 모른다는 걸 알았다.

그것은 피할 수 없는 일을 피하기 위해 고안되었고 매일 반복해야 하는, 지속적이고 피곤한 행위다. 그러나 사실 우리를 위협으로부터 안전하게 지키기 위해 고안된 것은 아니다.

2021년에는 야심한 시각에 클럽과 술집에서 젊은 여자들을 노리는, 대단히 우려스러운 범죄 형태가 새롭게 대두했다. 피해자의 술에 몰래 로히프놀 같은 데이트 강간 약을 타는 행위가 주를 이루던 과거와 달리 피해자 모르게 주사

기로 약물을 주사하는 행위가 급증했던 것이다. 영국 전역에서 관련 신고가 쏟아져 들어옴에 따라 이것은 충격적인 독립 사건이 아니라 범죄자들 사이에 꽤 널리 퍼진 새로운 수법임이 드러나기 시작했다.

술잔을 조심해라, 술잔 위를 항상 손으로 덮고 있어라 등의 충고를 들으며 자란 우리 같은 사람들은 이 시점에 대부분 이런 생각을 했을 것이다. 예방책 훈련은 아무런 효과도 없으니 이제 그만둘 때가 됐다고. 아니면 다음 세대에게는 외출할 때 전신 갑옷이나 가느다란 쇠사슬로 만든 매력적인 정장을 입고 나가라고 권할 것인가? 아니면 이제야, 늦었지만, 논리적으로, '여자를 공격하는 남자들'이라는 더 넓고 구조적인 문제를 다루기 시작할 것인가.

우리는 누구나, 예방책을 사용했음에도 공격당한 누군가를 알고 있으면서도 이런 행동을 반복한다. 그 이유 중 하나는 우리 주위에서 여자들이 죽어갈 때도 달리 할 수 있는 일이 없기 때문이다. 우리를 보호하기 위해 그 외의 일을 하는 사람이 아무도 없기 때문이다. 아무도 남자들의 살인을 멈추려 하지 않는다. 하지만 우리가 이 행위를 계속하는 데는 또 다른 이유가 있다. 어쩌면 이쪽이 주원인일지도 모른다. 우리는 미덕을 실천하기 위해 이런 행위를 반복한다. 우리가 공격당해 마땅한 사람이 아님을 보여주기 위해서다. 어쩌면 자신도 깨닫지 못하는 사이에 우리가 그런 일을 당해도 싸다는, 자초했다는, 신중하지 못했다는 비난으로부터 스스로를 보호하기 위해 움직이는지도 모른다.

"그녀는 집에 걸어가고 있었을 뿐이다"와 "그녀는 아무런 잘못도 하지 않았다"가 한동안 트위터 트렌드에 머물렀다는 사실은 우리 사회가 남성 폭력에 희생된 여자들에 대해 생각하는 바를 정확히 말해준다. 그들 중 일부는 애도받을 권리가 있다. 착한 여자. 완벽한 피해자. 상냥하고 예쁘고 순수하고 신중하고 길을 벗어나거나 빨간 모자처럼 늑대와 이야기하지 않았던 여자.

2022년 1월 아일랜드 털러모어에서 스물세 살의 초등학교 교사 애슐링 머피가 살해당했을 때 수천 명이 "그녀는 조깅을 하고 있었을 뿐이다"라고 트윗했다. 마치 이 사건이 참을 수 없이 슬픈 이유가 그 부분 때문인 것처럼. 죽음이라는 엄청난 비극이 아니라 그녀가 선을 넘지 않았다는 사실 때문인 것처럼. 그녀가 그런 일을 당해도 마땅한 행동을 하지 않았다는 사실 때문인 것처럼.

만약에 그녀가 잘못을 하나라도 했다면 어땠을까? 집에 걸어가고 있지 않았다면? 조깅을 하고 있지 않았다면?

파티에서 놀다가 새벽 2시에 미니스커트 차림으로 골목길에 정신을 잃고 쓰러져 있었다면? 유부남 애인을 만나러 가는 길이었거나 숲을 지나가는 지름길을 택했다면? 술에 취했거나 마약을 했거나 성 매수자를 기다리고 있었다면?

우리는 애도하길 주저했을까? 공개적으로 슬픔을 표현하고 정의 구현을 요구하려는 마음이 덜 들었을까? 전국지 1면에 기사가 실릴 가능성이 더 낮았을까? 전례를 보면 그렇다. 아마 그랬을 것이다.

그것은 시스템 때문이다. 화제의 사건 한두 건을 애도하는 것은 괜찮다. 다만 그 사건들이 여자들을 얌전히 행동하게 하고, 단단히 가둬두고, 절대 선을 넘지 않게 훈련시키는 더 큰 시스템에 부합한다면 말이다. 우리는 슬퍼할 때에도 규범을 더욱 강화하고, 모든 여자를 묶는 사슬을 더 옥죄고, 자신의 죽음이 비극으로 간주되길 원할 경우 자기를 가둬야 하는 아주 작은 공간을 스스로에게 상기시킨다.

완벽한 피해자

여자가 남자에게 살해당한 사건은 대부분 보도되지도,

언급되지도 않는다. 피해자가 젊고 아름다운 백인이 아닌 이상—모델 리바 스티언캄프가 총에 맞아 사망한 다음 날 아침 타블로이드 신문 1면에 실렸던 비키니 차림의 사진을 생각해봐라. 헤드라인에는 이름조차 언급되지 않았다—아무도 관심을 보이지 않는다.

세라 에버라드의 죽음으로부터 약 9개월 전, 비바 헨리와 니콜 스몰먼 자매는 킹즈버리의 한 공원에서 비바의 생일을 축하하다가 대니얼 후세인이라는 남자의 칼에 찔려 사망했다. 그들의 어머니 미나 스몰먼은 경찰이 두 사람의 실종에 "무관심해" 보였고 그들을 "서둘러 찾으려 하지 않아서" 화가 났다. "나는 경찰에 이야기했다. '범죄가 일어났는지 어떤지는 알 수 없지만 서른여섯 시간이 지났는데도 여전히 행방을 모르지 않느냐'고." 이듬해 BBC와의 인터뷰에서 그녀가 한 말이다. "나는 경찰이 무관심한 이유를 곧바로 알아차렸다. 내 딸의 집 주소를 보고는 '아, 공영주택에 사는 흑인 여자구나'라고 생각한 것이다." 결국 시신을 발견한 사람은 니콜의 남자친구였다. 이틀 뒤, 그들이 칼에 찔린 바로 그 공원에서였다.

세라 에버라드의 죽음 이후 스몰먼 씨는 지적했다. 그녀의 딸들이 실종되고 결국 시신으로 발견되었을 때는 이런 국민적인 관심이나 경찰의 즉각적인 대규모 대응, 정치인들의 주목이 없었다고. "내 딸들은 똑같은 지원도, 여론 반응도 받지 못했다." 총리, 런던시장, 내무부 장관이 세라의 유족과 친구들에게 공식적으로 조의를 표한 것과 달리 그녀는 고위급 정치인들로부터 아무런 말도 듣지 못했다. "사회적 서열의 사다리에서" 흑인 여성이 "가장 아래 칸에 있기 때문"이라고 그녀는 말했다.

다음으로는 이주여성의 죽음이 있다. 그들은 '노숙자가 되는 것'과 '학대자에게 되돌아가는 것'이라는 선택의 기로에 놓이는 경우가 많다. 그들이 공공자금의 도움을 받을 수 없게 만드는, 적대적인 정책 때문이다. 또 중년 여성—세라 에버라드의 죽음으로부터 한 달여 뒤에 살해당한 53세의 줄리아 제임스 같은—의 죽음은 확실히 젊은 여성의 경우와 같은 국민적 분노를 불러일으키지도 않고 같은 수의 신문 기사를 보장하지도 않는다. 자고 있는 장애인 아내의 목을 칼로 그은 남자는 "버림받은 남편"[11]이라는 동정적인 수사와 함께 헤드라인에 등장한다. 2009~2018년에는 60세 이상 여성 278명이 남자에게 살해당했지만 범인 대부분이 충격적일 만큼 가벼운 형을 선고받았다.[12] 반면에 피해자 여성은 '바가지 긁는 여자'라는 부정적 전형으로 묘사되곤 한다. 2020년 자선단체 아워글래스의 여론조사에 따르면 응답자의 5분의 1 이상이 노인을 밀거나 치거나 때리는 것을 학대라고 생각하지 않았다.[13]

나는 세라 에버라드의 죽음에 대한 국민적 관심이 잘못됐다고 말하기 위해, 또는 그녀의 죽음이라는 무도한 비극, 그것이 생전에 그녀를 알았던 혹은 몰랐던 사람들에게 남긴 끔찍한 충격을 평가절하하기 위해 이런 말을 하는 것이 아니다. 단지 희생자가 그녀 한 사람이 아님을 알리기 위해 이런 말을 하는 것이다. 남자에게 살해당한, 사연이 알려지지 않은 채 그냥 지나가는 다른 여자들. 그들의 이름을 우리는 영원히 듣지 못한다. 그들이라는 퍼즐 조각을 우리는 볼 수 없다.

'여성 대상 폭력 근절 연합' 회장 앤드리아 사이먼은 말한다.

> 세라 에버라드의 비극적인 죽음 이후 대중이 여성 대상 폭력에 관심을 갖게 되면서 여성의 안전과 여성들이 공공장소가 안전하다고 느낄 수 있는 환경 조성의 필요성에 대한 국가적인 논의가 시작되었지만 이와 함께 인종, 나이와 같은 특징 때문에 어떤 여자들은 구조적으로

언론보도와 사람들의 관심에서 제외된다는 사실도 주목을 받기 시작했다.

완벽하고 흠잡을 데 없는 피해자라는 개념은 성차별적이고 인종차별적인 신화와 고정관념에 의존한다. 흑인을 비롯한 소수인종, 장애인, 성소수자, 또는 여러 불리한 조건을 가진 여성들은 사법기관에서 제도적 차별을 너무 자주 접하고 그것이 정의에 호소하는 데 장애물이 된다.

사법체제에서 흑인 여성은 투명 인간이다. 통계청 데이터에 따르면 흑인 또는 혼혈 여성이 강간 피해자가 될 가능성은 백인 여성보다 훨씬 높은데도 검찰이 인종별 통계를 산출하지 않기 때문이다. 단순히 몇몇 여성에 대한 처우가 개선될 거라 기대하는 것만으로는 충분치 않다. 사법 서비스에의 동등한 접근, 모든 폭력 생존자에게 더 나은 결과라는 진보를 이뤄내야 한다.

세라 에버라드가 죽었을 때 사람들은 주목했다. 그녀의 사진은 모든 주요 신문 1면에 실렸다. 그래서 경찰은 이것이 극히 드문 일임을, **독립 사건**임을 우리에게 상기시킬 필요가 있었다. 우리가 점과 점을 연결해서 우리가 무슨 짓을 해도 소용없다는 사실을 깨닫길 원치 않았기 때문이다. 여자들은 도처에서 죽어가고 있다. 사흘에 한 명씩. 그리고 문제는 우리가 아니다. 우리가 뭔가를 잘못했거나 부적절한 옷을 입었거나 엉뚱한 길로 갔기 때문이 아니다. 남자들이 우리를 죽이기 때문이다. 그러나 우리는 남자들에 대해 이야기하지 않는다. 우리는 여자에 초점을 맞춘다. 그래서 여자들에게 이것이 그저. 하나의. 독립. 사건임을. 상기시킬 필요가 있었다.

그레이터런던 경찰청장 크레시다 딕은 성명을 발표했다.[14] "여자가 거리에서 납치당하는 것은 다행스럽게도 대단히 드문 일이다." 그녀는 말했다. "그럼에도 불구하고 런던 여성들과 그 밖의 사람들—특히 세라가 실종된 지역 주민들—이 걱정하고 두려워하는 것은 이해한다."

딕은 이 사건을, 수상한 남자가 다가오거나 집까지 따라왔던 기억이나 공공장소에서 폭행당한 경험을 SNS에서 공유한 수천 명의 여성과 달리, 범죄가 일어난 지역과 그 부근만이 아니라 모든 곳에서 매일 여자들이 스스로 안전하지 않음을 아는 세계라는 더 넓은 관점에서 보지 않았다. 그녀는 이것이 여성의 납치 및 살인에서부터 성희롱—영국 여성 전체의 70퍼센트 이상,[15] 젊은 여성의 86퍼센트 이상이 공공장소에서 성희롱을 당한 적이 있다—에 이르는 일련의 여성 대상 폭력 중 하나라는 사실을 인식하지 못했다.

주요 언론매체는 딕의 말을 앵무새처럼 따라 했다. 3월 11일 〈더 타임스〉의 헤드라인은 이랬다. "시신이 발견됨에 따라 경찰은 여성들이 안전하다고 표명." 인기 프로그램인 BBC 라디오4의 〈투데이〉는 범죄학자 메리언 피츠제럴드의 입을 통해 남자가 여자보다 폭력을 경험할 위험이 훨씬 높다고 강조했다. 그녀는 진행자인 닉 로빈슨에게 "나는 여성이므로 이 말을 할 자격이 있다고 생각한다. 우리는 고정관념에 얽매여서 히스테리를 부려서는 안 된다. 실제 이상으로 부풀리지는 말자"라고 말했다. 그 프로그램의 PD는 사전에 피츠제럴드의 의중을 떠본 후에 그것이 그들이 선택한 관점, 그들이 이 이야기에 덧붙이고 싶은 '견해'와 일치함을 아는 상태에서 그녀를 초대한 것이 틀림없다. 이 '견해'는 중요하다. 이 나라의 여론을 형성하기 때문이다. 그것은 여자들의 목소리를 묵살하는 경향을 강화하는 동시에 "모든 남자가 그렇지는 않다", "남자도 피해자다"라는 외침을 부추긴다.

물론 남자들도 폭력을 경험한다. 그리고 그것은 논의할 가치가 있는 문제다.(다만 이 상황에서 이 화제를 꺼내는 것은, 다른 많은 경우에 그랬던 것처럼, 여성 대상 폭력에서 다른 곳으로 초점을 돌리려는 고의적인 시도임이 명백할 뿐이다.) 하지만 여기에는 누구나 알면서도 언급하지 않는 문제가 있다. 그 누구도 굳이 언급해야 할 만큼 관련 있다고 생각하지 않는 듯한 문제. 그것은 이 남자들 또한 남성 폭력의 피해자라는 사실이다. 그렇다, 우리가 초점을 피해자에게 맞추면 여성 대상 폭력과 남성 대상 폭력은 서로 다른 별개의 문제처럼 보인다. 그러나 우리가 올바른 곳에 초점을 맞추고, 불편함과 어려움을 무릅쓰고 용감하게 이 문제에 이름을 붙인다면 우리가 사실은 같은 문제, 즉 **남성에 의한 폭력**에 대해 이야기하고 있음을 알 수 있을 것이다.

그러나 우리는 그렇게 하지 않는다. 우리는 여성에 대해 이야기한다. 강간당한 여자. 살해당하거나 성희롱당한 여자의 수. 여자를 성희롱하거나 강간하거나 살해하는 남자들에 대해서는 이야기하지 않는다. 그것이 실제로 일어나고 있는 일이라 할지라도. 이야기하지 않기 위해서는 어처구니없을 정도로 고의적인 외면이 필요할 때조차.

2021년 7월 세라 후세인이 베리에서 사망했을 때 BBC 뉴스의 헤드라인은 "거리에서 불탄 채 발견된 여성을 유족이 추모하다"[16]였다. 또 다른 헤드라인은 "불탄 채 발견된

후 사망한 여성의 유족이 '매일 그녀를 그리워한다'"[17]였다. 세 남자가 그녀를 살해한 혐의로 체포되었지만 헤드라인만 읽은 사람은 그녀가 자연발화했다고 생각했을 것이다. 여자들은 자연발화하지 않는다.

그래서 그들은 우리에게 소란 피우지 말라고 했다. 이것을 일회성 사건으로 보라고 했다. 경찰과 언론만이 아니라 정치인들도 마찬가지였다. 여성 의원들이 국회에서 이 문제를 거론하며 성폭력에 대한 더 강력한 조치를 요구하자 그들은 여성 의원들이 감정적으로 군다며 꾸짖었다.

인종차별과 식민주의를 규탄하는 시위가 영국 전역을 휩쓸고 지나갔을 때 그중 일부는 인종차별적 폭력과 정복 행위를 토대로 업적을 세운 남자들을 기념하고 예찬하는 조각상에 초점을 맞췄다. 그러자 '경찰, 범죄, 형량 및 법원에 관한 법'은 조각상을 보호하는 조항을 도입하고자 했다. 대단히 유해한 식민주의 시대 과거를 기념하는 상징물이 현대사회에 미치는 영향력에 문제를 제기하는 것은 어불성설이었다. 이 돌덩어리들을 보호하기 위한 조치가 신속히 취해져야 했다. 살아 숨 쉬는 여자들은 대수롭지 않은 존재이지만 조각상에 대해 발언하는 것은 명백히 선을 넘는 행동이었다. 질책받아 마땅한, 감정적이고 창피한 과잉 반응이었다.

문화부 그림자 장관• 조 스티븐스는 국회에서 문화부 장관 올리버 다우든에게 이 법안에 대해 질의하면서 그것이 "여성을 강간한 범죄자보다 조각상을 파손한 사람에게 더 긴 형량을 선고할 수 있게 한다"는 점을 지적했다.[18] 그러자 다우든은 "나는 본 국회의 의원들이 보다 절제된 방식으로 이 문제에 접근하길 진심으로 바란다"라고 대답했다. 그런데 절제된 접근은 강간에 대해 이야기하는 여자들에게만 요구된 모양이다. 왜냐하면 다우든이 곧이어 조각상의 "엄청난 정서적 가치"에 대해 열변을 토한 후에 다른 남성 의원의 관광산업에 대한 "열정적인 관심"을 상찬했기 때문이다. 정치적 열정의 대상이 되어 마땅한 것에는 여러 가지가 있지만 적어도 강간은 그중 하나가 아니다.

같은 날 가정폭력과 강간에 관한 질의응답에서 법무부 장관은 노동당 소속의 여성 의원에게 "지금 의원님이 사용한 표현은 감정적이고 적절치 않다고 생각한다"라고 말했다. 해당 의원인 엘리 리브스가 던진 질문은 영국에서 "강

• 영국의 양대 정당은 총선 전에 내각을 구성하는데 총선이 끝나면 야당이 구성한 내각은 그림자 내각이 된다. 그림자 장관은 자기 부처의 장관을 감시, 견제하는 역할을 한다.

간의 효과적인 비범죄화"가 일어나고 있는가였다.[19] 법무부 장관의 답변만 보면 이 질문이 여자 특유의 '히스테릭한' 과장인 것 같지만 실제로는 그렇지 않았다. 리브스의 질문은 감정적이지 않았고 사실을 있는 그대로 말한 것뿐이었다. 현재 영국에서는 강간이 경찰에 신고되는 일 자체도 드물지만 설사 신고가 있었다 하더라도 가해자의 기소나 소환으로 이어질 확률이 1.4퍼센트에 불과하기 때문이다.[20] 유죄판결도 아니고 기소나 소환이 그 정도다. 누군가가 범죄를 저지르고도 아무런 법적 처분도 받지 않을 가능성이 99퍼센트라면 효과적인 비범죄화라고 칭하는 것이 논리적이지 않은가?

시위

여자가 히스테릭하다고 말하는 것은 정확하지도 타당하지도 않지만 여자에게 수치심을 줘서 입을 다물게 하는 데 유용한 방법이자 여자를 비웃음으로써 그들의 주장을 묵살하는 방법이기도 하다. 이 말은 세라 에버라드의 실종 이후 정치인들과 경찰에게 유용했을 것이다. 그 말을 들은 여자들이 정말로 입을 닥치고 소란을 피우지 않았다면, 이것이 하나의 독립 사건이 아니라 더 큰 문제의 일부, 서로 다른 분야 간의 상호협조적인 접근을 필요로 하는 위기라고 주장하는 것을 멈췄다면 말이다.

하지만 여자들은 입 닥치지 않았다. 그들은 애도하고 싶어서 야간 기도회를 기획했다. 세라를 추모하기 위한 평화로운 집회였다. 그러나 경찰은, 팬데믹 기간에 그런 행사를 여는 것은 너무 위험하다고 말했다. 그동안 수많은 대규모 시위가 런던에서 일어났다는 사실, 그중에는 코로나 봉쇄령 및 백신 반대 행진도 있었다는 사실은 상관없었다. 이것이 시위가 아니라 기도회라는 사실도 상관없었다. 수천 명이 아닌 수백 명이 한 여성의 때 이른 죽음을 애도하는 모임이라는 사실도 상관없었다. 사흘에 한 명씩 여자가 남자에게 살해당하는 나라에서, 세라를 보호하는 데 실패한 경찰이, 다른 수많은 여자를 보호하는 데 실패한 경찰이 애도자들에게 '안전'을 생각하라고, "의견을 표현할 안전한 대안을 찾으라"[21]고 말하는 것은 어처구니없는 일이었다. 우리더러 안전을 챙기라니! 진심인가? 그 보도 자료를 읽고 모순을 느낀 사람이 아무도 없단 말인가?

물론 이 일화는 경찰 등이 여성의 안전에 신경 쓰기 시작하는 순간을 더욱 부각했다. 그것은 여성이 아닌 사람들의 안전까지 위협받기 시작할 때였다. 가정폭력, 성희롱, 성폭행 가해자가 집단 폭력을 저지르면 갑자기 사법 당국이 그들의 존재를 알아차리는 것과 같았다. 그때부터는 피해자가 '여자만'이 아니게 되기 때문이다.

그리고 우리를 달래고 침묵시키려는 평소의 시도가 효과가 없자 그들은 폭력을 동원했다.

이때 경찰은 여성의 안전에 그다지 신경 쓰는 것 같지 않았다.[22] 몇백 명의 여자가 고소당할 위험도 불사하고 모여 있던 행사에 난입한 그들은 추모하던 참가자들을 땅바닥에 때려눕혀서 질질 끌고 나갔다. 신기하게도 대부분이 남성인 축구 팬 수천 명이, 스코틀랜드에서만 코로나 감염자 2000명을 발생시킨 유럽축구선수권대회를 보기 위해 사회적 거리두기 지침을 곧잘 무시한 채 공공장소에 대대적으로 모이곤 했던 몇 달 동안은 이와 비슷한 장면을 볼 수 없었다.[23]

이후 경찰 감사 기구가 조사를 시작해 보고서를 작성했지만 기도회 때 경찰은 "적절하게 조치"했고 경찰관들은 "최선을 다한" 것으로 드러났다.[24] 얼마나 안심되는 일인가? 우리의 공공 생활을 지배하는 제도 내에서는 부적절하거나 여성혐오적인 행위가 절대 일어나고 있지 않음을 보장하는 공정한 절차가 존재한다니 우리는 정말이지 운이 좋다. 아, 내가 그 경찰 감사 기구 패널의 반 이상이 전직 경찰관이라는 말은 했던가?

흐려진 웅덩이

세라 에버라드 사건 이후 여성 대상 폭력과 관련된 경찰의 움직임에 당연히 이목이 집중되었다. 해당 사건에 대한 경찰 대응이 통탄할 만큼 실망스러웠을 뿐 아니라 세라를 강간하고 살해한 혐의로 체포, 기소된 자가 경찰관이었기 때문이다.

범인이 경찰관이라니. 경찰관들은 우리에게 안전을 챙기라고 했다. 그들은 추모하는 여자들의 머리채를 잡고 질질 끌고 가기도 했다. 사람들은 우리에게 "그냥 경찰에 신고하라"고 말했다. 마치 정의가 구현되지 않는 것이 성폭력이나 성희롱을 신고하지 않는 여자들 탓인 것처럼. 여자들이 더 넓은 사회에서 발언하는 것을 막는, 애초에 여성 학대를 가능케 하고 당연시하는, 여자들이 피해를 당해도 침묵할 수밖에 없게 만드는 성차별, 인종차별, 편견이 경찰 조직 내에는 만연하지 않은 것처럼.

사람들이 점과 점을 연결하기 시작하자 크레시다 딕 청장은 재빨리 대응했다. 웨인 커즌스 순경(48세)이 세라 에버라드를 납치, 강간했음을 인정했다는 성명에서 딕은 그레이터런던 경찰청에 "가끔 물 흐리는 미꾸라지가 있다"고 말했다. 그리고 그런 경찰관들을 다룰 때 "우리는 무관용원칙을 고수하며 그런 행위를 색출하고 처벌하고 방지함에 있어서 엄격한 잣대를 적용한다"라고 주장했다.[25]

정말 안심되는 이야기다. 당신은 우리 사회에 이미 만연한 여성혐오가 경찰 조직에도 어느 정도 침투하는 것을 방지하기란 불가능하다고 주장할지도 모른다. 그러나 그런 조짐이 보이면 간과하지 않는다는 것을 알고 나니 얼마나 안심되는가. 그것은 색출되고 처벌되고 방지될 것이다.

다만…….

웨인 커즌스는 이 사건이 있기 전에 이미 그레이터런던 경찰청—그렇다, 그가 근무하던 바로 그 조직—에 공연음란 혐의로 신고당한 적이 있었다.[26] 세라 에버라드가 실종되기 겨우 사흘 전에 런던 남부의 포장 전문 음식점에서 여직원에게 성기를 보여준 혐의였다. 그런데 "엄격한 잣대"와 무관용원칙을 가진 경찰이 아무런 조치도 취하지 않은 탓에 커즌스는 계속해서 근무를 이어갔고 결국 사흘 후 업무차 런던에 왔다가 근무가 끝난 후에 세라를 표적으로 삼았다.

실수였던 걸까? 절차가 지연됐나? 아니면 오해가 있어서? 그래서 직장에서 근무 중인 여자에게 성기를 노출한 남자가 그 후로도 며칠 동안 경찰관으로서 근무를 서도록 방치된 것인가? 어쩌면 일시적인 문제였던 걸까?

그러나…….

커즌스가 경찰관으로 근무하는 동안 성기노출로 신고당한 것이 이때가 처음이 아니었음이 곧 밝혀졌다. 알고 보니 무려 2015년에 커즌스는 서로 다른 세 가지 사건으로 조사받은 바 있었다.[27] 이 글을 쓰고 있는 지금 세 건 모두 경찰감사 기구인 IOPC가 재조사 중이다. 이번 조사도 모든 경관이 무혐의 처분을 받은 야간 기도회 때처럼 철저하길 바라보자.

물론 커즌스가 반복적으로 성기노출 혐의로 신고를 당했음에도 매번 경찰관으로 계속 근무하는 것이 허락됐다고 해서 물 흐리는 미꾸라지가 가끔 있다는 딕의 주장이 틀렸다고 말할 수는 없다. 그러나 그런 미꾸라지가 철저하게 제거된다는 주장은 믿기 어렵다. 커즌스가 "가끔 있는"

미꾸라지라고 하기엔 미꾸라지가 너무 많았다. 그해 7월 IOPC는 세라 사건과 관련하여 그레이터런던 경찰청 소속 경관 열두 명을 조사 중이라고 인정했다.[28] '미꾸라지' 한두 명이 아니다. 열두 명이다. 당시 그레이터런던 경찰청이 맡고 있던 수천 개 사건에서 열두 명이 아니다. 단 하나의 사건에서 열두 명이다.

조사 대상 중 한 명인 그레이터런던 경찰청 소속 순경은 세라의 수색을 위해 현장에 저지선을 치는 업무를 맡기 전에 "사건과 관련된 부적절한 이미지"를 다른 경관들과 SNS로 공유한 혐의를 받았다.[29] 그냥 장난이야. 별것도 아닌 일로 화내지 마. 얼굴 좀 펴, 아가씨.

장난 때문에 달라지는 게 뭐가 있을까? 그녀는 이미 죽었다. 그러나 경찰이 더 '가벼운' 여성 학대 사례를 진지하게 받아들였다면 죽지 않았을지도 모른다. 경찰이 성기노출을 심각한 범죄로 간주해서 가해자가 현직 경찰관임을 알았다면. 우리 사회가 바바리 맨을 장난스러운 존재로 인식하지 않았다면. 이 경찰관들은 세라를 찾는 임무를 맡고 있을 때도 세라에 관한 농담을 주고받았다. 그들은 수색이 진행되는 동안에도 왓츠앱에서 여자를 숲속으로 유인해 죽이는 '유머'를 공유한 혐의를 받았다.[30] 사실 그레이터런던 경찰청은 소속 경찰관 두 명이 비바 헨리와 니콜 스몰먼의 시신과 사건 현장을 무단 촬영한 혐의로 이미 조사를 받고 있었다.[31] 나중에 밝혀진 바에 따르면 이 사진들은 해당 경찰청 소속 경찰관 마흔한 명이 있었던 'A팀'이라는 제목의 왓츠앱 대화방에서 역겹고 성차별적인 말과 함께 공유되었다. 또 다른 경찰관 두 명은 각자 다른 왓츠앱 대화방에서 여성혐오적이고 인종차별적이고 동성애 혐오적인 메시지를 커즌스 및 다른 경찰청 소속의 두 경찰관과 2년 넘게 주고받았다.[32] 웨인 커즌스가 핵 전담 부대에 있을 때 그가 여자들을 너무 불편하게 만들어서 동료 경관들이 그를 공공연하게 "강간범"이라고 불렀다는 얘기 했던가?[33] 그레이터런던 경찰청에 들어가기 위해 거쳐야 하는, 엄중했어야 하는 심사 과정을 통과하기 전에도 커즌스는 동료들 사이에서 악명이 높았다. 따라서 '한 마리 미꾸라지'라는 주장은 설득력을 잃는다. 딕이 하필 그 속담을 골랐다는 사실은 정말로 아이러니하다. 그 속담의 나머지 부분을 잊었던 걸까? 미꾸라지 한 마리가…… 온 웅덩이를 흐려놓는다는?

세라의 죽음을 추모하기 위해 모인 여자들을 경찰이 질질 끌고 갔던 밤에 기도회를 마치고 집으로 걸어가던 여자에게 한 남자가 자신의 성기를 보여줬다. 세라를 강간하고 살해하기 전에 웨인 커즌스가 두 번이나 신고를 당했으나 아무런 징계도 받지 않은 바로 그 행위 말이다. BBC와의 인터뷰에서 이 여성은 자신이 경찰관 무리에게 다가가서 방금 있었던 일을 이야기했지만 "우린 그런 사건은 취급 안 해요"라는 대답을 들었다고 말했다.[34]

이것이 경찰 내에 조직적인 여성혐오가 존재함을 부인하는 것과 우리 사회가 여성혐오를 당연시하는 것이 만나는 지점이다. 경찰이 성기노출을 심각하게 받아들이지 않는 것은 '피핑 톰'•과 '바바리 맨'을 '농담'으로 소비하는 우리 사회의 풍조와 딱 들어맞는다. 우리는 성범죄자를 무해하고 웃긴 인물, 공감이나 조롱의 대상으로 바꿔놓고, 이러한 태도는 사법기관이 가해자를 다루는 방식에 영향을 미친다. 여기서 우리는 또다시 점과 점, 여자들이 매일같이 참아야 하는 수준 낮은 '농담' 및 '칭찬'과 여성의 강간, 살해를 연결하는 데 실패한다.

커즌스가 더욱 심각한 범죄자로 발전한 최초의 '바바리 맨'은 절대 아니다. 2019년에 대학생 리비 스콰이어를 강간, 살해한 파벨 렐로비치는 리비의 실종 이전에도 수많은

• 노출증 환자를 바바리 맨이라고 부르는 것처럼 관음증 환자를 가볍게 부르는 별칭.

여자를 표적으로 삼았다. 창문으로 여학생들을 훔쳐봤고, 그 현장에 사용한 콘돔과 속옷을 놔두고 갔으며, 거리에서 마주친 여자들 앞에서 자위를 했다. 만약 이런 범죄행위들이 심각하게 다뤄졌다면 리비가 죽기 전에 그를 막을 수 있었을지도 모른다.

렐로비치에게 훔쳐보기 피해를 당한 여학생은 BBC와의 인터뷰에서, 렐로비치가 그녀와 남자친구의 애정 행각을 창문으로 훔쳐본 뒤에 현관 앞에 사용한 콘돔과 여자 속옷을 놔두고 간 사건을 신고했을 때 사람들이 그녀가 '오버한다'는 식으로 반응했다고 말했다. "사람들은 그게 재밌다고 생각한 것 같지만 나는 전혀 재미있지 않았다." 전직 경찰관인 그녀의 어머니가 '전화 몇 통을 돌리고' 나서야 경찰이 (하루 뒤에) 도착해서 지문을 채취했다. (경찰은 "당시 입수 가능했던 정보에 따른 적절한 조사"가 이루어졌으며 자신들이 피해자의 신고를 "위중도에 맞게" 처리했다고 BBC에 말했다.[35])

2021년에 렐로비치의 과거가 낱낱이 드러났을 때에는, 그가 리비를 살해했다는 사실이 널리 알려진 후였음에도 불구하고, 수십 개의 헤드라인이 그를 살인범이 아닌 "피핑 톰"으로 묘사했다.

일상 속 성차별 프로젝트에 등록된, 성기노출과 관련된 게시물 수천 개는 이런 문장들로 가득하다. "아무도 신경 쓰지 않았다." "우리가 지어낸 거라고 했다." "다들 웃었다." "신고할 생각은 꿈에도 하지 않았다."

리비 스콰이어의 죽음 그리고 그녀와 같은 일을 겪은 여자가 수없이 많은데도 불구하고 (영국 통계청에 따르면) 매년 성기노출 피해를 당한 11만 3000명의 여성 가운데 경찰에 신고하는 숫자는 채 10분의 1도 안 된다. 그리고 2020년 3월 기준으로, 한 해 동안 경찰에 신고된 '성기노출 및 훔쳐보기' 사건 약 1만 1000건 가운데 재판까지 간 사건은 594건밖에 안 된다.[36]

이 현상의 주원인 중 하나는 다음과 같다. 성기노출, 훔쳐보기, 원치 않는 '좆 사진', 선정적인 휘파람, 캣콜링의 경우에는 여자들이 당하는 성폭력을 우리가 심각하게 다루지 않는다는 것이다. 우리는 그것이 재밌다고 생각하고, 충격받은 피해자를 조롱한다.

10년 전 대학교 도서관에서 어떤 남자가 내 등을 향해 자위를 했다. 나는 음악을 듣고 있었기 때문에 시간이 한참 지날 때까지 그가 등 뒤에 있는 걸 몰랐다. 친구들에게 이 얘기를 했더니 성별에 상관없이 다들 그게 웃기다고 했다. 경찰도, 학교도 아무런 조사도 하지 않았고 나도 유난 떠는 것 같아 거기서 그만뒀다. 지금에 와서야 그것이 얼마나 불쾌한 사건이었는지 깨달았다.

이 모든 행위는 보다 넓은 스펙트럼에 속한다. 남자가 여자에게 성 권력과 통제력을 행사하는 것, 여자가 거기에 저항할 힘이 없고 저항한다 해도 남들이 심각하게 받아들이지 않을 거라는 사실을 남자가 즐기는 것과 관련이 있다. 이런 행위는 점점 더 심각한 범죄행위로 발전하는 경우가 많고 그중 일부는 결국 여자의 죽음으로 끝난다.

이것이 여자들을 무시하고 그들의 말을 묵살하는 태도, 여자들이 미쳤다거나 과잉 반응한다거나 '자초했다'고 생각하는 사회적 태도라는 시스템과 피해자와 생존자를 저버리는 제도적 시스템이 만나는 지점이다. 그 결과 여자들에 대한 그런 생각이 더욱 확고해지고 굳어져서 뿌리 깊은 여성혐오와 넘을 수 없는 정의의 장애물이 된다.

미꾸라지

알고 보니 '미꾸라지'는 열두 명으로 끝이 아니었다. 2012~2018년에 그레이터런던 경찰청 경찰관들을 대상으로 들어온 약 600건의 성 비위非違 신고 중에 유죄로 인정된 것은 119건에 불과했다.[1] 이 경찰관들 중 한 명은 강간 피해자와 성관계를 가져서 면직당했고, 또 한 명은 가정폭력 생존자를 성추행했다. 이 글을 쓰고 있는 지금 웨스트머시아 경찰 소속의 한 경관은 보석 중인데 두 여성을 강간하고 다섯 차례에 걸쳐 추행한 혐의를 받고 있다.[2] 또 웨스트미들랜즈 경찰 소속의 순경 시보는 한 여성에게 폭언을 하고 목을 잡아서 바닥에 내리꽂았으나 징역형이 아닌 통행금지령만 받았다.[3] 웨스트요크셔 경찰 소속의 경찰관은 강간 및 성추행 혐의로 올해 재판을 받을 예정이다.[4] 한편 그레이터런던 경찰청은 현직 경찰관이 여성 동료 두 명을 강간한 혐의를 수사 중인데[5] 첫 번째 신고가 접수된 지 3년이 지났는데도 용의자는 여전히 정직 상태가 아니다.

> 내가 금요일에 동료들과 함께 한잔하러 나갔을 때 나는 그 무리에서 유일한 여자였다. 문득 동료 둘이 나에게 다음과 같은 질문을 했다. 만약 내가 둘 중 한 명에게 강간을 당해야 한다면 어느 쪽이 낫겠는가? 어떻게 그런 질문을 할 수 있냐는 내 표정을 보자 그들은 질문을 이렇게 바꿨다. 두 사람 다 강간범이라면 어느 쪽이 싫지 않겠는가? 나는 소름이 끼쳐서, 진담이냐고 물었다. 다른 동료 몇 명도 심기가 불편해 보이긴 했지만 뭐라고 한마디 하는 사람은 없었다. 나는 실례한다고 말하고 미소 띤 채 그곳을 나왔지만 속에서는 천불이 났다. 나는 40대 후반이고 이 동료들은 나보다 몇 살 많았다. 우리는 모두 경찰이다.

2021년 8월에는 한 전직 경찰관이 자신의 지위를 이용하여 가정폭력 피해자들을 그루밍하고 성적으로 착취한 혐의에 대해 유죄를 인정했다. 검찰 보고서에 따르면, 피해자들은 "경찰관이라는 가해자의 지위 때문에 앞으로 나서기가 두려워서" 이 사건을 신고하는 데 20년 가까이 걸렸다.[6] 이 보고서에는 가해자가 피해 여성 중 한 명에게 억지로 키스했을 때 그녀가 성추행으로 민원을 제기했다는 사실이 언급되어 있으나 이 경찰관이 그 후에도 근무를 계속한 이유가 설명되어 있진 않았다.

2021년에는 햄프셔 지구대 중대조직범죄팀 소속 경찰관 여섯 명이 중대 비위로 유죄판결을 받았다.[7] 그들이 여자들을 직간접적으로 "창녀", "걸레", "달콤한 젖탱이", "빌어먹을 도리스"•라고 지칭하거나 종합 상황실에 근무하는 여경이 요즘 "떡이나 치고 있을까" 궁금해하는 등의 대화가 사무실에 설치된 도청 장치에 녹음되어 있었기 때문이다. 그 밖에도 가정폭력 피해자가 담당 형사들이 실수로 남긴 음성메시지를 받은 사건도 있었는데 이 녹취록에서 형사들은 피해자를 "쌍년", "망할 걸레 년"이라고 불렀다.[8]

나는 그들이 강간 피해자에 대해 이야기하는 방식에

• 겉으로는 순진해 보이지만 실제로는 잘 노는 여자.

경악했다. 내가 근무를 시작한 지 6개월밖에 안 됐을 때 한 팀원이 증거물, 즉 피해자의 더러워진 속옷을 모두에게 보여주며 돌아다닌 적이 있었다. 그 증거물은 밀봉된 봉투에 든 채로 보관실에 등록되길 기다리고 있었는데 그가 안이 훤히 들여다보이는 투명한 봉투 속의 얼룩 진 팬티를 사람들 면전에 흔들어대면서 사무실 안을 뛰어다녔던 것이다. 아, 다들 어찌나 웃어대던지.

2022년에 IOPC는 주로 채링크로스 경찰서 소속 경관들의 차별, 여성혐오, 성희롱, 괴롭힘에 관한 조사 보고서를 공개했다.[9] 이 보고서에 따르면 여성혐오, 인종차별, 동성애 혐오가 만연한데도 "기층문화"와 "농담"이라는 핑계로 아무런 제재도 받지 않은 것으로 드러났다. 어느 왓츠앱 대화방에서는 한 경관이 이렇게 적었다. "마누라 따귀 한 번도 안 때려봤어? 여자란 따귀를 맞아야 사랑이 샘솟는데…… 난 이제 알아, 왜 멍청한 갈보들이 덜떨어진 남자친구한테 살해당하는지. 여자는 자기를 두들겨 패는 남자를 좋아하거든. 인간 본성이지. 생물학적으로 그런 걸 좋아하게끔 프로그램되어 있어." 또 이런 말도 있었다. "여자를 침대로 끌어 들이는 건 빵에 버터를 바르는 것과 같아. 약간의 수고만 하면 돼. 신용카드를 써도 되지만 칼을 쓰는 쪽이 더 쉽고 빠르지." 남경들은 여자 동료들에게 이런 메시지를 보냈다. "나라면 기꺼이 당신을 강간할 거야." 이것은 작년에 언론에 보도된 사례 중 일부에 불과하다. 이 남자들은 조직적으로 여자를 무시하고 여성을 위한 정의 구현을 하지 않는 시스템의 일부다. IOPC는 채링크로스 경찰서에 관한 보고서에서 "우리는 이 사건들이 독립 사건도 아니고 일부 '미꾸라지'의 행동도 아니라고 생각한다"라고 말했다. 그러나 이 보고서를 비롯한 압도적으로 많은 증거에도 불구하고 그레이터런던 경찰청의 공식 입장은 이랬다.[10] "우리는 그레이터런던 경찰청 내에 여성혐오 문화가 있다고 믿지 않는다." 그중에서도 가장 열받는 부분은 조사받았던 열네 명 중 아홉 명이 여전히 근무 중이라는 사실이다.[11]

2020년 여성 정의 센터가 수집한 데이터에 따르면 3년이라는 기간 동안 경찰관 등 경찰 소속 직원에 의한 가정폭력은 총 666건 발생했다.[12] 한 생존자의 남편은 '나를 신고하면 네가 체포되게 만들겠다'고 협박하곤 했다. 또 다른 생존자의 전남편은 이렇게 말했다. "내가 경찰관이니까 아무도 네 말을 믿지 않을 거야."[13] 보고서는 이렇게 끝맺었다. "본 보고서에서 언급된 행동들은 경찰 조직 내에 만연한 문화에 의해 야기되었다. 그 문화는 여성 대상 폭력을 용인하고 대수롭지 않게 생각하는 '조직적 성차별'이다."

보고서는 옳았다. 이것들은 독립 사건이 아니다. 잉글랜드, 스코틀랜드, 웨일스 전역의 경찰 직원 1700여 명을 대상으로 한 2016년 조사에 따르면[14] 49퍼센트가 성적인 농담을 반복해서 들었고, 약 5분의 1이 성적인 이메일이나 문자메시지를 받은 적이 있으며, 약 5분의 1이 직장에서 불편한 신체 접촉을 경험했다. 약 10분의 1은 성 상납을 요구받은 적이 있었다.

> 나는 경찰 긴급신고센터의 유일한 여자 경관이다. 동료들이 매일 내게 던지는 농담은 하나도 재미있지 않고 죄다 진부하다. 나는 "엉좁이", "어이쿠"라고 불리고 탕비실에 가서 차나 끓여 오라는 말을 자주 듣는다. 그것이 여경의 유일한 존재 이유이기 때문이다…… 내가 참고 같이 일해야 하는 남자들은 매일같이 휴대전화로 포르노를 보고 여자 동료들이나 여성 전반에 대해 혐오스럽고 얄팍한 말을 한다. 만약에 여경이 진급을 하면 나는 며칠 동안 그들이 소수자 우대 정책에 대해 투덜대는 것을 참아야 한다. 그들 중 한 명이라도 여경의 공적을

칭찬하는 것은 들어본 적이 없다.

우리는 경찰이 성범죄를 다루는 방식이라는 측면에서 경찰계의 시스템 문제를 살펴봐야 한다. 이를테면 잉글랜드와 웨일스에서 강간 사건을 신고해도 기소나 소환으로 이어지는 비율은 1.4퍼센트에 불과하며 가정폭력 사건이 기소 없이 종결되는 경우도 4분의 3에 달한다.[15] 4분의 3. 피해자는 겨우겨우 용기를 내어 경찰에 신고한 후에도—이러기까지 수년이 걸리는 이유는 피해자들이 평균적으로 50번의 학대를 겪은 후에야 도움을 청하기 때문이다—마지막 장애물에 곧잘 가로막힌다.[16] 통계에 따르면 경찰에 신고한다고 해서 신속하고 효과적으로 문제가 해결되는 일은 매우 드물다. 가정폭력 생존자들은 평균 2.8번 신고한 후에야 도움을 받을 수 있었다.[17] 물론 이런 범죄들을 단속하는 데는 어려움이 있겠지만 그것이 기소율이 이렇게 터무니없이 낮은 이유가 되어서는 안 된다. 그리고 만약 그것이 정의를 가로막는 유일한 장애물이라면 전국 어디에서나 기소율이 비슷해야 할 것이다. 그러나 통계를 보면 기소율은 지역에 따라 들쑥날쑥하다.[18] 잉글랜드와 웨일스에 가정폭력 신고의 80퍼센트가 기소 없이 종결되는 경찰서가 열 군데나 있다는 사실은 이 문제의 원인이 범죄의 성질이 아니라 경찰 조직에 있음을 강하게 시사한다.

웨인 커즌스가 형을 선고받은 주에 그레이터런던 경찰청은 몇 달에 걸쳐 준비하고 숙고한 성명을 발표했다. 이 성명에는 커즌스 사건 이후로 혼자 있는 경찰관에게 불심검문을 당할 경우에 불안함을 느낄 여자들을 위한 안내가 포함되어 있었다. 그들은 이렇게 조언했다. "지나가는 버스를 향해 손을 흔들어라." 아니, 농담 아니다. 그들은 **정말로** 이렇게 제안했다. 몇 달에 걸친 신중한 숙고 끝에 내놓은 것이 고작 이거였다. 스스로 위험하다고 느끼거나 해당 경관의 신분을 확인할 수 없는 사람은 "행인에게 소리치거나, 아무 집으로나 뛰어들거나, 문을 두드리거나, 버스를 향해 손을 흔들거나, 가능하다면 경찰에 신고하라"고 말했다.[19]

경찰은 조직적 여성혐오를 인정하지 않기로 너무 굳게 결심한 나머지, 불심검문한 경찰관의 자격을 확인할 수 있는 다양한 방법을 공개했다. 예를 들면 긴급신고센터에 전화해서 경찰관의 배지 번호를 확인하는 것이다. 장담컨대 만약 세라 에버라드가 그래도 되냐고 물었다면 웨인 커즌스는 참을성 있게 기다려줬을 것이다. 한 경찰서는 친절하게도 진짜 경찰 신분증과 가짜 신분증 사진을 비교해서 트위터에 올렸는데 아마 좋은 의도에서 그랬겠지만 누가 밤에 놀러 나갈 때 경찰 신분증을 확인하는 데 필요한 돋보기와 손전등을 가지고 나간단 말인가? 그리고 이보다 더 중요한 것은 이 충고가 완전히 초점을 벗어났다는 사실이다. 커즌스는 진짜 경찰관이었으므로 진짜 신분증을 갖고 있었다. 문제는 여자를 납치하기 위해 경찰관으로 변장한 남자들이 아니다. 문제는 경찰 내에 강간범 겸 살인자가 있다는 사실이다.

게다가 우리가 경찰관의 신분을 확인하려 들고 우리를 체포하려는 이유를 묻는다면 그들은 어떤 반응을 보일까? 많은 이가 지적했듯이 이것은 특히 흑인을 비롯한 소수인종 여성에게 필요한 질문이다. 이들은 평소에도 경찰의 표적이 되기 쉬울 뿐만 아니라 적대적이고 폭력적인 반응을 경험할 확률이 높다. 자신을 체포하려는 경찰관으로부터 달아나 버스를 향해 손을 흔들라고 사람들에게 말할 때 그레이터런던 경찰청 관계자들의 머릿속에는 과연 이 여성들이 있었을까? 혹은 '그냥' 달아나는 것이 불가능한 장애인 여성은? 마치 귀찮아서 제대로 생각하지 않은 것처럼 들리지만 실제로는 그럴 리가 없지 않은가. 그렇게 수차례나 여성의 안전이 최우선이라고 우리에게 주지시킨 뒤에,

몇 달에 걸쳐 커즌스의 끔찍한 범죄에 대한 대처 방법을 강구한 뒤에는 말이다.

술에 약을 타는 범죄가 2021년 다시 급증하기 시작하자 BBC는 동종 범죄 검거율이 전국 1위인 데번·콘월 경찰서 소속의 경사를 인터뷰했다. "수년째 이 범죄의 예방법을 연구 중"인 것으로 알려진 이 경사는 사람들이 밤 외출을 할 때 약물 검사 도구를 가지고 다녔으면 좋겠다고 말했다. "그것이 있으면 당신은 더 어려운 표적이 된다……[20] 콘돔처럼 사람들이 클럽이나 파티에 갈 때 챙기는 물건 중 하나가 될 수도 있다고 생각한다."

그러나 사람들이 콘돔을 챙기는 까닭은 합의된 섹스를 하게 될 경우에 대비해서다. 여자들에게—이 말이 사실상 여자들에게 한 말이 아닌 척하지는 말자—밤에 외출할 때마다 약물 검사 도구를 가지고 다니라는 말은 퐁당 마약(술에 약을 타는 것)이 일상적인 일이라고 생각하라는 것과 같다. "비 올 것 같으니까 우산 가져가"처럼 말이다. 그렇다면 하룻밤 동안 몇 번이나 술을 검사해야 할까? 한 모금 마실 때마다? 아니면 아예 약을 탈 기회가 없도록 한 번에 다 마셔버려야 할까? 이 말이 전국 검거율 1위 경찰에게서 나온 말이라는 점이 놀랍다. 그는 더욱 강력한 제재를 제안하지도 않았고, 클럽에 출입하는 남자들의 소지품을 검사하라고 제안하지도 않았다. 그저 여자들이 '즐거운' 밤 외출을 할 때마다 챙겨야 하는 우스꽝스러운 예방책에 하나를 더 추가했을 뿐이다.

돋보기를 집어 들고 검사 도구를 챙겨라. 강간 방지 속옷을 입어라. 경보기, 후추 스프레이, 호신용으로도 쓸 수 있는 예쁜 분홍색 반지를 껴라. 잘 훈련된 개들을 목줄을 바짝 잡고 데리고 다녀라. 잠재적 폭행범을 무력화할 수 있는 작은 폭발물을 소지해라. 그런데 이런 짐을 바리바리 싸 들고 다니면 달리는 버스를 쫓아가기는 힘들지 않을까? 차라리 이러는 게 어떤가? 만전을 기하기 위해 집 안에만 있든지 아니면 아예 경찰서로 가서 당신을 유치장에 가둬달라고 해라. 아니, 잠깐. 거기서도 안전하리라고 장담할 수 없지 않나? 웨인 커즌스의 왓츠앱 친구 중 한 명이 근무 중이면 어떡하나?

성폭력 및 가정폭력 피해자의 대다수가 경찰에 신고할 용기를 내지 못하는 이유 중 하나는 자신이 마주하게 될 거대한 장애물, 즉 경찰이 자신을 조롱하거나 믿지 않거나 비난할 것임을 또는 자기 얘기를 진지하게 듣지 않을 것임을 알기 때문이다. 특히 흑인 여성들은 경찰이 넘겨짚기와 고정관념 때문에 자신들의 신고를 진지하게 받아들이지 않는다는 것을 알게 되곤 한다. 그들은 인종차별적이고 식민주의적인 역사가 만들어낸, 젊고 연약하고 순결한 백인 피해자라는 집합개념과 대비되는 '센 흑인 여자'라는 고정관념을 극복하기 위해 고군분투한다. 흑인 여성들은 그들의 피부에 생긴 멍이 하얀 피부에 생긴 멍과 다르다는 이유로 무시당할 수도 있다.

예를 들어 밸러리 포드 같은 흑인 여성은 동거남이 집에 불을 지르겠다고 협박한다며 경찰에 신고했지만 그로부터 6주 후에 22개월 된 딸과 함께 잔인하게 살해당하고 말았다.[21] 경찰이 그녀의 신고를 생명에 대한 위협이 아니라 재산에 대한 위협으로 기록했기 때문이다.

또 일하던 중에 성폭력을 당한 성 노동자는 경찰에 신고하려 했을 때 "직업 성격상 암묵적인 동의가 있었다고 봐야 한다"는 말을 들었다.[22]

이런 지레짐작이 성폭력을 신고하려는 여자에게 미치는 영향은 일상 속 성차별 프로젝트에서 공유된 수백 개의 이야기에서 찾아볼 수 있다.

경찰은 나에게 "그날 무슨 옷을 입고 있었냐", "친구들이 나를 음란하다고 생각하냐", "사건 전에 성 경험이 있었냐", "남자친구가 있냐", "섹스를 몇 번이나 해봤냐" 등등을 물었다. 솔직히 모욕적이었다. 나는 눈물을 참기 위해 최선을 다해야 했다. 경찰 조직은 개선되어야 한다.

12월 31일 런던 중심가 인파 속에서 한 남자가 내 눈을 똑바로 쳐다보면서 내 가랑이를 잡았다. 나는 채 5미터도 떨어지지 않은 곳에 서 있던 경찰관 두 명에게 즉시 신고했다. 나는 흐느끼고 있었다. 한 명이 자기 동료를 쳐다보면서 어깨를 으쓱하더니 "이 여자 술 취했네"라고 말했다.

나는 스물다섯 살 무렵에 한 남자에게 폭행을 당했다. 경찰은 내가 신고할 때 입고 있던 조끼 모양 셔츠를 폭행당할 때도 입고 있었냐고—그때는 한여름이라서 굉장히 더웠다—그가 내 목을 졸랐을 때 생긴 자국은 "키스마크"냐고 물었다.

경찰은 내가 성폭행당하지 않았다고 말했다. 성폭행 전에 내가 그 남자에게 키스했으므로 그 뒤에 이어진 모든 성적인 행위에도 동의했다고 봐야 하기 때문이다.

성폭력을 경험한 사람 가운데 겨우 15퍼센트만이 경찰에 신고할 엄두를 낸다는 사실이 놀라운가?[23]

경찰이 여성을 어떻게 대하느냐만 중요한 것이 아니다. 그들이 사건을 어떻게 다루는지도 중요하다. 2014년의 충격적인 보고서는 경찰에 신고된 모든 성범죄 가운데 4분의 1 이상이 아예 범죄로 기록조차 되지 않는다는 사실을 폭로했다. 그리고 강간 신고에 내려진 '사건성 없음' 판단 가운데 5분의 1은 오판이었다.[24]('사건성 없음'이란 어떤 범죄가 실제로는 일어나지 않았음을 증명하는 정보가 발견돼서 범죄 기록이 취소될 때를 말한다.) 이 보고서에 따르면 강간 사건에 사건성 없음 판단이 내려지는 비율은 전체 범죄 평균의 두 배가 넘었다. 피해자 비난과 강간 신화•의 사례는 셀 수도 없었다. 사건성 없음으로 분류된 한 사건에서 경찰관들은 증인이나 증거가 없다는 이유로, 자신이 강간당했다는 열세 살 소녀의 말을 믿지 않았다. 또 다른 사례에서는 "피해자가 자신이 입고 있던 옷의 일부를 스스로 벗었기 때문

• 그날 무슨 옷을 입었냐, 왜 밤늦게 돌아다녔냐 등 강간을 피해자 탓으로 돌리는 잘못된 믿음.

에 성관계에 동의한 것으로 간주하여" 사건성 없음이라는 판단이 내려졌다. "자신은 동의한 적 없다는 피해자의 말은 중요치 않았다."

자신이 강간당한 경위를 경찰에게 이야기하는 끔찍한 경험을 견뎌낸 피해자는 알게 된다. 정의를 구현하려는 시도라도 할 수 있을지 없을지가 남성 지배적이고 여성혐오적인 기관에 속한 한 개인의 결정에 달려 있다는 사실을.

> 내가 이야기를 마치자 남경은 말했다. 가해자와 내가 서로 자기 말이 맞다고 우기는 상황이 될 거라고, 내가 신고를 하면 가해자를 더 화나게 할 수도 있다고…… 그래서 어쩌라는 건가? 잊어버리라는 건가? 가해자가 다른 누군가를 강간하겠다고 협박하거나 실제로 강간하고 돌아다니도록 내버려두라는 건가? 신고하느라 시간만 낭비했다는 생각이 들었다…… 경찰은 알고 싶어하지 않는다.

새로운 이야기는 하나도 없다. 잭 더 리퍼•에서 요크셔

• 1888년 런던의 빈민가 화이트채플에서 최소 다섯 명의 매춘부를 잔인하게 살해한 연쇄살인범으로, 결국 잡히지 않았다.

리퍼•에 이르기까지, 이들의 폭행과 살인을 조사하는 임무를 맡은 사람들이 피해자에 대해 편견적이고 여성혐오적인 단정을 내릴 때 남성 폭력의 피해자들에게 정의는 실현되지 않았다. 우리는 그것을 로더럼에서도 목격했다.[25] 성착취가 횡행한다는 정보가 있었음에도 관계 당국에서 아무런 조치도 취하지 않았기 때문에 16년 동안 약 1400명의 어린이가 성적으로 학대당했다. 관계 당국이 조치를 취하지 않은 이유 중 하나는 대부분 보호시설에 살거나 사회경제적으로 하층민에 속하는 피해자 소녀들을 경찰이 공범으로 인식했기 때문이었다. "그들은 우리를 '걸레' 내지 '꼬마 범죄자'로 봤다"라고 훗날 한 생존자는 말했다.

늘 여자가 문제다. 시스템이 문제였던 적은 한 번도 없다.

모든 경찰관이 인종차별적이고 여성혐오적이라거나, 여성 대상 폭력과 싸우기 위해 최선을 다하는 유능하고 성실한 경찰관이 한 명도 없다는 말이 아니다. 통계 수치를 볼 때 이것이 극소수 미꾸라지의 이야기라는 주장은 명백하고 우스꽝스러운 현실 부정이라는 뜻이다. 모르는 척한

• 피터 섯클리프. 1975~1980년에 살인 열세 건, 살인미수 일곱 건을 저지른 혐의로 종신형을 선고받았다. 피해자 유형과 살해 방법에서 잭 더 리퍼와의 유사성 때문에 요크셔 리퍼라는 별명이 붙었다.

다고 해서, 몇몇 예외적인 '미꾸라지' 탓으로 돌린다고 해서 해결할 수 없는 구조적 문제임이 명백하다.

어떤 형태의 불평등이 특정 기관 내에서 구조화되었다는 말은 그 기관에 속한 모든 개인이 편견을 가졌다는 뜻이 아니다. 그 문제가 해당 기관 내에 너무 만연하고 당연시된 나머지 서로 무관한 몇 개의 독립 사건을 낳는 것이 아니라 조직문화 및 성과에까지 영향을 미친다는 뜻이다.

예를 들면 다음 조건들은 구조적 성차별이 존재하는지 판단하는 기준으로 활용할 수 있다.

- 해당 기관 내에 (인원수, 승진, 임금 등에서) 상당한 성 차이가 존재하는가?
- 성차별, 성희롱, 성추행이 빈번히 발생하는가?
- 기관이 그런 문제에 대한 지속적이고 탄탄한 예방책 및 대책을 보여주지 못하는가?
- 기관의 행위와 그 결과가 여성에게 해로운 영향을 끼친다는 증거가 있는가?

경찰의 경우, 우리는 이 모든 질문에 100퍼센트 '그렇다'고 대답할 수 있다. 경찰 조직은 심각하게 남성 지배적이다. 잉글랜드와 웨일스 경찰의 모든 직급을 통틀어서 남성은 여전히 3분의 2 이상을 차지하고,[26] 가장 큰 조직인 그레이터런던 경찰청의 남녀 성비는 2.5 대 1에 달한다.

성폭력과 가정폭력을 저지른 혐의를 받는 경찰관의 숫자가 우려스러울 만큼 높다는 사실은 아이러니하게도 이런 숫자를 낮추기 위해 만들어진 제도를 점검하는 과정에서 발견되었다. (웨인 커즌스를 걸러내지 못한 수많은 기회가 보여주듯) 우리는 이런 제도들이 불충분함을 증명하는 방대한 증거들을 봐왔다. 그중에서도 가장 우려스러운 것은 커즌스가 형을 선고받은 주에 잉글랜드와 웨일스 경찰 조직의 약 3분의 1이 소속 경관들에 대한 성추행과 성희롱 혐의 조사를 경찰 감사 기구에 요청했다는 사실이다. 열네 개 조직으로부터 들어온 스물일곱 건의 조사 요청은 그 전주와 비교해 '급격하게 증가'한 것으로,[27] 이 문제가 국민적인 주목을 끌기 전까지는 경찰이 충분히 심각하게 여기지 않고 있었음을 강하게 시사한다. 그들은 신고된 사건들을 해결할 적절한 절차를 갖고 있지 않았거나 그냥 그 순간까지 절차를 따르고 있지 않았던 것으로 보인다. 더 명확히 말하면 성추행으로 기소된 그레이터런던 경찰청 소속 경찰관 열여덟 명 중에서 단 한 명만이 정식 처분을 받았다.[28]

이 모든 것이 미치는 영향은 명백하다. 강간 사건에 '사건성 없음'이라는 오판이 내려지는 비율이 대단히 높다는 것, 성범죄를 신고하는 피해자가 오히려 경찰에 비난당한다는 것, 성범죄 사건이 기소나 소환으로 이어지는 비율이 형편없이 낮다는 것. 여자들은 불행히도 경찰 조직 내의 여성혐오에 대해 너무나 잘 알고 있다. 누구나 이야기를 듣거나 기사를 본 적이 있다. 지인 중에 나쁜 경험을 한 사람이 반드시 있다. 이 조직적인 성차별 때문에 여자들은 일단 신고하는 것 자체를 꺼리고 신고를 하더라도 중도에 포기하는 비율이 높다. 아일랜드의 강간 사건과 재판에 관한 한 연구에 따르면 경찰에 강간을 신고한 생존자의 40퍼센트 이상이 고소를 취하하는 것을 심각하게 고려했는데 주요인은 경찰의 잘못된 응대였다.

이 모든 요소를 합치면 경찰의 성차별이 조직적이라는 주장에 굉장한 설득력이 생긴다.

설사 아직까지 의심의 여지가 남아 있었다 한들, 세라 에버라드의 죽음 이후에 라디오 인터뷰를 했던 노스요크셔 경찰청장 필립 앨럿의 말에 의해 산산조각 났음을 부인하긴 어려울 것이다.[29] 그는 지방경찰청을 감독할 책임이 있는 사람으로서, 경찰이라는 기계의 주요 톱니였다. 그는 이렇게 말했다. "여자들은 우선 자기가 체포될 수 있는 상황과 체포될 수 없는 상황을 알아야 한다. 에버라드 씨는 체포될 이유가 없었으므로 불응했어야 했다." 그의 발언에 대한 대중의 강력한 반발이 지속되자 앨럿은 사임했다. 비바 헨리와 니콜 스몰먼의 사진을 찍은 경관들 역시 해고되고 투옥되었지만 둘 다 본질적인 진보로 볼 수는 없다. 단지 시스템이, 아주 드물게 자기 잘못이 드러났을 때, 스스로를 보호한 것일 뿐이다. 하지만 앨럿은 지방의회 의장이자 시장이었다. 그는 오랫동안 시스템의 권력자였고 그날 우연히 라디오 인터뷰를 하지 않았다면 그 후로도 오랫동안 그 자리를 유지했을 것이다.

"그녀는 불응했어야 했다." 마치 그것이 그녀의 잘못인 것처럼. 마치 그녀가 저항했으면 뭔가 달라지기라도 했을 것처럼. 마치 여자들이 평생 복종하고 순종하고 맞서지 말라고 사회화되지 않는 것처럼. 마치 우리가 경찰관을 믿지 말아야 할 이유라도 있는 것처럼.

하지만 어쩌면, 뒤집어서 생각하면, 앨럿의 말이 옳다. 우리는 순응하지 말아야 한다. 믿지 말아야 한다. 시스템이 썩었음을 깨달아야 한다.

피해자를 심판대에 올리기

경찰은 고장 난 유일한 기관이 아니다. 지난 몇 년간 우리는 강간 혐의가 기소로 이어지는 건수와 비율이 충격적으로 감소하는 것을 목격했다. 2016~2017년부터 강간 기소 건수는 유례없이 곤두박질쳤다.[1] 2020~2021년에 잉글랜드와 웨일스에서 경찰에 신고된 강간 사건이 5만 5000건임에도 불구하고 기소까지 이어진 사건은 1557건에 불과했다. 현재의 강간 기소 건수는 2015~2016년의 딱 절반으로, 놀랄 만큼 빠른 감소세를 보인다. '강간의 비범죄화'에 관한 획기적인 논문에서 유수의 여성 자선단체들은 불기소되어서는 안 되는 강간 사건들이 불기소되고 있다는 강력한 주장을 내놓았다. 이 보고서에는 검찰이 불기소하기로 결정한 사건들의 자료가 포함되어 있었는데 그중에는 피해자가 칼로 위협당한 경우, 강간 현장을 촬영한 영상이 용의자의 휴대전화에서 발견된 경우, 불기소 이유가 강간 생존자가 평소에 "모험적인 성생활을 즐겼기 때문"인 경우도 있었다.[2]

가장 우려스러웠던 것은 최근 몇 년 사이에 "배심원들의 마음을 사기 어려울" 수도 있는 "약한" 강간 사건은 기소하지 말라는 쪽으로 검찰의 지침 및 연수 방침이 변화했다는 보고서의 주장이었다. "약한 사건 350개를 제거하면 승소율이 61퍼센트까지 올라간다"고 연수 기간에 지도받는다고 내부고발자는 말했다.[3]

이러한 접근법의 문제는 그것이 시스템, 이 경우에는 사법체제를 우리 사회에 은연중에 퍼져 있는 잘못된 사고방식—성 고정관념, 강간 신화, 피해자가 '자초한 일'이라는 생각, 성적 합의에 대한 오해 등—에 다시 한번 동조시킨다는 것이다. 그런데 내부고발자들이 연수 방침이 바뀌었다고 주장한 무렵에, 배심원이 어떻게 반응할 것인가에 근거해 기소 여부를 결정하지 말고 "성과 기반 접근"을 하라고 검사들을 독려하는 지침이 검찰청 홈페이지와 연수 매뉴얼에서 사라졌다. 그리고 그 날짜는 2017~2018년에 기소된 용의자 수가 급감하기 시작한 때와 정확히 일치한다.

“많은 동료가 이 ‘도박꾼의 접근법’을 긍정적으로 받아들였다”라고 내부고발자는 말한다. “그들은 이제 ‘어려운’ 사건을 기소하지 않아도 될 명분이 생겼다고 생각한다. 어려운 사건이란 과거 경험을 바탕으로 봤을 때 술이 관련된 ‘학생 강간 사건’처럼 재판에서 성공적인 결과를 얻을 가능성이 별로 없는 사건을 말한다.”

“성폭력 가해자들은 어린이, 장애인, 난잡한 생활 방식을 가진 사람과 같은 취약한 피해자를 주로 노린다. 배심원이 그들의 말을 믿을 가능성이 낮다는 것을 알기 때문이다”라고 내부고발자는 지적한다. 만약 검사들이 배심원의 편견을 놓고 추측 게임을 하고 있다면 이미 주변화된 피해자들이 가장 큰 피해를 볼 가능성이 높다.

하지만 괜찮다. 그 이유가 무엇일까? 그렇다, 사법심사• 가 있기 때문이다. 여성 대상 폭력 근절 연합의 운동가들이 여성 정의 센터의 후원으로 사법심사를 요청했다.[4] 그러나 여성 대상 폭력 근절 연합이 제출한 방대한 증거가 아무런 영향도 미치지 못했는지 (당연히 대부분이 남자였던) 재판관

• 행정기관에 의한 어떤 행위의 적법성을 사법법원이 심사하는 것.

들은 검찰이 불법적으로도 비합리적으로도 행동하지 않았으며, 검사들이 사용하는 표현이나 지침이 달라졌다고 해서 강간 사건에 접근하는 방식이나 정책이 바뀌지는 않았다고 판단했다. 비록 그것이 강간 사건이 기소로 이어진 건수 및 비율의 전례 없는 처참한 감소와 동시에 일어났다고 해도 말이다.[5]

검찰은 우호적 증인으로 지검장을 데려왔다. 지검장은 '성과 기반 접근법'을 더 이상 사용하지 말라는 연수를 실시한 후 해당 기간에 자신의 담당 구역에서 강간 사건 기소 결정과 관련하여 달라진 것은 전혀 없다고 주장했다. 법원은 이 말을 액면 그대로 받아들인 것 같지만 검찰의 자체 데이터에 따르면[6] 이 지검장의 구역에서, 특히 앞서 언급한 연수 이후에, 기소율이 갑자기 60퍼센트 이상 감소했다. 하지만 사법심사에 감사한다. 항상 공정함을 유지하고, 피해자의 절대다수가 여자인 이 범죄들이 공정하게 기소되도록 해준 데 감사한다. 우리 사법부가 시행하는 사법제도 심사에 감사한다.

그런데 이 사법부의 판사 가운데 여자는 채 3분의 1도 되지 않는다.[7] 고등법원 이상의 판사 가운데 26퍼센트, 칙선 변호사•의 17퍼센트만이 여자다. 한편 전체 판사의 8퍼센트, 고등법원 이상 판사의 4퍼센트가 흑인이나 아시아인 같은 소수인종이다. 그리고 대법관 열두 명 중에서는 단 두 명만이 여자다.[8] 인종은 전원 백인이다.

이와 같이 다각도에서 어떤 기관이 조직적으로 성차별적인지 아닌지를 판단할 때 인선의 다양성 부족만큼이나 우려되는 것은 여성 대상 폭력 사건에서 이런 유의 판단이 대물림되는 것이다.

밤길을 혼자 걷고 있던 여성을 성추행한 남자가 징역형을 면한 이유는 그가 집안의 '가장'이기 때문이었다. "피고가 구금형을 받는다면 직장을 잃을 텐데 그는 가장이기 때문에 가족이 심각한 타격을 받을 것이다"라고 피고 측 변호인은 법정에서 주장했다. 피해자가 이미 받은 "심각한 타격"은 그보다 덜 중요하다고 생각한 모양이다.[9] 참고로 피해자는 길에서 우연히 가해자를 마주칠까봐 무서워서 집 밖에 나가지도, 출근을 하지도 못한다. 남자는 가장이라는 성 고정관념이 우리 사회에서 이토록 단단하지 않았어도 이 변론이 과연 성공적이었을까? 가해자가 여자였어도 똑

• 대법관, 법무부 장관, 고등법원 판사, 칙선 변호사 등으로 구성된 위원회가 경력 15년 이상의 변호사 중 뛰어난 활약을 보인 인물을 골라 임명한다.

같은 주장에 법정이 이 정도로 설득되었을까?

우리가 이런 범죄를 묘사할 때 사용하는 표현도 우리의 접근 방식에 성 고정관념이 얼마나 깊이 뿌리박혀 있는지를 보여준다. 우리는 강간을 "합의되지 않은 섹스"라고 부르지만 절도를 '합의되지 않은 대여'라고 하지도, 납치를 '합의되지 않은 여행'이라고 하지도 않는다. 한마디로 수사와 기소를 하는 데 있어서 피해자에 대한 편견이 성범죄만큼 견고하게 뿌리박혀 있는 범죄는 없다. 예를 들면 방화 사건 피해자가 자기 집이 불타 무너지는 광경을 마음속으로 즐겼다고 암시하기 위해 과거를 집요하게 파고들어서 그가 한 번이라도 모닥불 파티에 참석한 적이 있는지 확인하는 사람은 아무도 없다. 절도 피해자가 과거에 자선단체에 돈을 주는 버릇이 있었는지, 만약 그랬다면 부를 '과시했다'며 반대신문에서 수치를 당하는 일도 없다. 또 사기 피해자가 주고받은 문자에서 '사기꾼을 유도하는' 말을 한마디라도 했는지 확인하기 위해 휴대전화를 압수하지도 않는다.

앤서니 윌리엄스는 웨일스에 코로나 봉쇄령이 처음 내려진 지 사흘째 되던 날에 아내 루스를 목 졸라 살해했다. 그는 아내의 목을 다섯 군데나 부러뜨렸고 자신이 그녀의

"모가지를 비틀었다"고 인정했다. 그가 자기는 봉쇄령이 "너무 힘들었"는데 아내가 "이겨내라"는 식으로 대꾸했다고 형사들에게 진술한 후에 법원은 그의 정신상태가 "대단히 불안정했다"고 말했다. (가정폭력 가해자 수천 명의 말로) 바꿔 말하면 그는 "그냥 폭발했다." 정신과 의사는 그의 불안과 우울증이 코로나 대책에 의해 "심화되었고" 자기 통제력이 손상되었다고 말했다. 그러나 또 다른 정신과 의사는 윌리엄스에게 우울증 병력이 없으므로 '심신미약'으로 변호할 수 없다고 증언했다. 결국 그는 살인죄가 아닌 과실치사죄만이 인정되어 겨우 5년 징역형을 선고받았다.[10]

5년. 한 여자의 목숨을 빼앗은 대가가. 왜냐하면 그가 봉쇄령을 힘들어했기 때문에. 이 판결은 바가지 긁는 아내와 괴롭힘당하는 남편이라는 고정관념이 만연한 문화와 절대 따로 떼어서 생각할 수 없다. "남자들이 다 그렇지 뭐"라는 말이나 끔찍한 아내에 의해 막다른 곳에 몰린 남편들이 땅굴을 파서 탈출하는 광고도 마찬가지다. 그것들은 모두 연결되어 있다. 직접적으로, 단순하게는 아니지만 은밀하게. 콕 집어 말하거나 명명백백하게 보여주기 어려운 방식으로.

이 재판 결과가 너무 초현실적이면서도 어처구니가 없

어서 한 범죄학자는 실제로 언론매체에 이렇게 말했다.[11] "봉쇄령이 남자들로 하여금 자기 아내를 살해하게 만들고 있다는 말은 옳지 않다." 도대체 세상이 어떻게 돌아가고 있길래 이걸 말로 해야 한단 말인가?

그리고 그것은 성 편향적이다. 늘 성 편향적이었다. 이와 달리 여성 정의 센터의 4년 연구에 따르면[12] 수년간 가정폭력으로 고통받아온 여자가 '그냥 폭발해서' 남편을 죽였을 때 살인죄로 유죄판결을 받을 확률(43퍼센트)은 과실치사로 유죄판결을 받을 확률(46퍼센트)과 비슷하다. 심지어 과실치사에 '대해서만' 유죄판결을 받는다 해도 14~18년 형을 선고받을 확률이 높다.

여성 정의 센터 소장 해리엇 위스트리치는 이렇게 말했다. "우리는 이 판결에 의해 다시 한번 낱낱이 드러난, 뿌리 깊은 차별적 태도를 본다. 이 판결의 핵심은 여성혐오 문화에 기반한다. 남성 폭력에 저항하는 여자는 가장 가혹한 형벌을 받는 반면, 뚜렷한 이유 없이 자기 아내를 목 졸라 죽인 남자는 그냥 '비극적인' 인물이 된다."

우리는 피해자 비난이라는 이데올로기가 명백하게 작용하고 있는 형량 및 판결에서 사회적 성차별의 제도화를 볼 수 있다. 한 남자는 '열세 살 소녀와 성행위를 했음'을 인정했는데도 집행유예 8개월을 선고받고 법정에서 그대로 풀려났다. 재판관과 검사는 피해자를 성적 "포식자"로 묘사했다.[13] 선고문에서 재판관은 이렇게 말했다. "피해자가 열세 살이기는 하나 겉으로는 그보다 나이가 많아 보이고 행동 또한 그랬다는 검찰 측 진술을 고려했다…… 이러한 사실들을 근거로 볼 때 이 소녀는 포식자였으며 상대방을 유혹한 것으로 보인다."

2017년 미국 아이다호주의 한 판사는 열네 살 소녀를 강간한 남자에게 징역형을 선고하지 않고 "SNS"와 "젊은 이들의 문란함" 탓으로 돌렸다.[14]

2018년 아일랜드에서는 스물일곱 살 남자가 열일곱 살 소녀를 강간한 혐의로 재판을 받았는데[15] 피고 측 변호인은 배심원들에게 이렇게 말했다. "여러분은 그 애가 무슨 옷을 입고 있었는지를 봐야 합니다. 앞면이 레이스로 된 끈 팬티를 입고 있었다고요." 얼마 후 피고는 무죄를 선고받았다.

우리는 거의 모든 것을 비난하는 듯하다. 이 고의적 폭행을 실제로 가한 남자들만 제외하고 말이다.

그리고 남성 폭력의 가해자들은 경찰과 마찬가지로 검찰에도 있다. 이들 역시 시스템이 모든 남자에게 제공하는 충격적인 공감, 경감, 핑계의 혜택을 입는다.

자고 있던 아내를 광란의 칼부림으로 살해하려다 미수에 그친 우스터 출신 검사는 겨우 6년 형을 선고받았다.[16] 지역신문은 이 이야기를 이렇게 보도했다. "(그는) 검찰 업무가 가져다주는 스트레스로 인한 우울증 발작 후에 아내를 맹렬하게 공격했다."

그리고 여자가 (피고 측 주장에 따르면) "거친 섹스"에 동의했으므로 목 졸려 죽는 데에도 동의한 것이라고 법정을 납득시킨 남자들에게 반복적으로 주어지는 관대한 형량이 있다. 여자친구가 "성행위 중에 목 졸리는 것을 좋아했다"고 주장한 대니얼 랭커스터는 살인죄가 아닌 과실치사죄로 겨우 4년 형을 선고받았다.[17] 제임스 모턴(24세)은 해나 피어슨(16세)을 처음 만난 날에 목 졸라 죽였는데 그녀가 호흡을 멈춘 후에도 20분 동안 구급차를 부르지 않았다.[18] 변호인은 그가 "성적 스릴을 좇았다"고 주장했고 배심원단은 살인에 대해서는 무죄, 과실치사에 대해서는 12년 형을 선고했다.

우리는 스스로도 어쩌지 못하는 것 같다. 남성 폭력에 대한 핑계를 찾지 않고는 못 배긴다. 그것은 "남자들이 다 그렇지 뭐"에서 시작해서 "그냥 칭찬한 것", "자기도 모르게", "그 여자가 자초했다"로 변형되어 결국 여기에 이른다.

2009년과 2019년 사이에 "섹스 게임이 사고로 이어졌다"는 변론이 사용된 건수는 90퍼센트나 증가했다.[19] 백만장자 존 브로드허스트가 자기보다 훨씬 어린 여자친구를 죽였을 때 시신에는 마흔 군데의 상처, 심각한 내상, 안와골절, (증거 인멸을 위해) 얼굴에 뿌린 표백제가 남아 있었지만 그는 과실치사로 3년 8개월 형을 선고받았고 2년도 안 돼서 출소했다.[20] 시신이 계단 밑의 피 웅덩이 속에서 발견되었음에도 불구하고. 피해자가 전 남자친구들과 연락하고 있었음을 알게 된 브로드허스트가 그녀에게 "따끔한 맛을 보여주려" 했다고 검찰이 밝혔음에도 불구하고. 그가 구급차를 곧바로 부르지 않았음에도 불구하고. 그가 현장에 도착한 구급 요원들에게 그녀가 "도넛처럼 죽어 있다"고 말했음에도 불구하고. 그가 그녀의 얼굴에 표백제를 뿌렸음에도 불구하고…….

이 모든 사실에도 불구하고 검찰은 '현실적인 유죄판결 가능성'에 따라 브로드허스트를 과실치사 혐의로 기소했다. 지금 다시 나에게 말해봐라. 형법 제도가, 피해자를 비난하는 여성혐오적인 배심원단이 강간범들과 살인범들을 유죄판결할 가능성이 있느냐 없느냐에 따라 여자들의 목숨을 무가치한 것으로, 그들의 죽음을 사소한 위법으로 치부함으로써 얼토당토않게 체계적으로 여자들을 저버리고 있지 않다고.

나는 열여섯 살 때 나를 오랫동안 신체적, 성적으로 학대해온 친아버지를 고소했다. 아버지의 변호인은 재판에서 내가 그것을 원했다고 말했다. 하지만 학대가 처음 시작됐을 때 나는 겨우 여섯 살이었다.

정의는 법에 기초한다. 그러나 만약 우리가 그 법을 편견 없고 절대 틀리지 않는 것으로 생각하고 있다면 두 가지 사실을 간과하는 것이다. 첫째, 법은 대부분 특권층 백인 남성에 의해 만들어졌다.(나는 캐럴라인 루커스 하원의원이 나를 자기 사무실로 불러서 특정 성별에게만 한정되지 않은 최초의 국회법을 자랑스럽게 보여준 순간을 절대 잊지 못할 것이다. 그 법조문에는 남성대명사만 사용되는 대신 "그의 또는 그녀의"가 포함되어 있었다. 그녀는 "원래 그렇게 안 쓴다"는 말을 듣고 나서 이렇게 바꾸기 위해 부단히 싸워야 했다.) 둘째, 정의는 경찰관, 검사, 배심원, 판사에 의한 법의 해석 및 적용에 의존한다. 그리고 그 사람들은, 방대한 증거가 증명하듯, 인종주의와 성차별주의를 비롯한 다양한 편견 및 억측으로부터 자유롭지 않다.

형법 제도가 성폭력 생존자를 저버린다는 말은 시스템 안에서 일하는 사람들의 행동과 편향만 가리키는 것이 아니다. 성폭력 기소를 특히 어렵게 만드는 구조적 문제도 있다. 배심원 재판이라는 우리의 전통적인 대립 체계•는 한 사건에 대한 서로 다른 두 가지 설명을 제시하는 것에 의존하기 때문에 강간 사건에서 피고 측 변호인이 피해자의 신뢰성을 무너뜨리는 것을 장려한다.

그리고 이 재판의 결과는 '그녀가 울고 있지 않았다면 강간당하지 않은 것이다'와 같은 유해한 강간 신화를 믿을 가능성이 통계적으로 높은 대중 가운데 무작위로 선발된 열두 명의 의견에 달려 있다. 이는 강간 사건을 재판까지 가져갈 것인가 말 것인가라는 결정이 피해자가 배심원단을 납득시킬 수 있는지 없는지, 즉 그녀가 '완벽한 피해자'의 프로필에 맞는지 아닌지에 지나치게 좌우되는 이유 중 하나다.

일상 속 성차별 프로젝트에 올린 게시물에서 한 여자는 성추행 사건 재판의 배심원을 맡았던 경험을 이야기했다.

• 원고와 피고가 서로 상반된 주장을 내놓으면 배심원단의 판단에 따라 한쪽은 승리하고 한쪽은 패배하는 시스템.

피고가 '명백히' 유죄였던 이 사건에서 피해자 소녀가 충분히 큰 소리로 싫다고 외치지 않았다고 남성 배심원들이 우기는 바람에 배심원단이 만장일치에 이르지 못해서 심리 무효가 됐을 때 그녀는 경악을 금치 못했다.

그러나 이런 구조적 문제는 극복 불가능하지는 않다. 여성 자선단체들은 오래전부터 다양한 해결책을 제시해왔다. 예를 들면 강간 사건에서 규문소송• 채택하기, 반대신문 시 지켜야 할 규칙 재고하기, 피해자의 과거 성생활을 증거로 활용하는 것 금지하기, 배심원 없이 판사나 치안판사만으로 재판 진행하기.

아일랜드의 럭비 선수 두 명과 친구들이 여러 혐의에 대해 무죄판결을 받은 대단히 논쟁적인 강간 사건 재판 이후에[21]—남자 변호사 여러 명이 며칠에 걸쳐 피해자를 반대신문하면서, 왜 비명을 지르지 않았느냐고 묻고 그녀의 피 묻은 속옷을 배심원들에게 돌렸다—아일랜드의 UN 테러 대응·인권 보호 특별 보고관 피누알라 니 일란은 이렇게 말했다. "법은 여자들에게 폭력을 가함으로써 성폭력 피해자들의 신체적, 정신적 상처를 악화시킨다. 우리 법정에는 남성성이

• 검사의 기소 없이 법원이 스스로 소송을 개시하고 재판하는 것. 즉 재판관이 수사, 심리, 판결을 도맡는 소송을 말한다.

만연하다.”

짐바브웨의 여성운동가 에버조이스 윈은 모국에서, 아프리카 대륙에서, 나아가 전 세계에서 여성운동 및 사회정의 운동을 통해 성평등을 위해 수십 년간 싸워왔다. 그녀는 사회규범과 가치관을 변화시켰을 뿐 아니라 가정폭력 및 유산상속과 관련된 새로운 법안과 정책을 통과시키는 등 수십 개국에서 여성 인권의 지형도를 바꿔놓았고, 그 업적을 인정받아 2020년에는 런던대학교 소아즈의 겸임교수로 임명되었다. 그녀는 이렇게 말한다.

> 이런 경우에 사람들은 순전히 법에만 의존하는 경향이 있다…… “법이 다 알아서 해주겠지”라는 식으로 말이다. 법 또한 우리가 사는 사회에서 작동한다는 사실을 또다시 잊곤 한다. 법을 지탱하는 것은 이 사회를 구성하는, 우리가 익히 아는 사람들이다. 법을 집행하는 사람들인 사법기관이나 수사기관의 태도와 사고방식 역시 우리가 아는 사람들과 똑같거나 오히려 더 나쁠 것이다.

“이런 것들이 얼마나 깊이 뿌리박혀 있는지를 깨닫는 것”이 중요하다고 그녀는 덧붙인다.

당연시되는 것은 처벌받지 않는다

이번에는 우리 법률제도 내의 또 다른 문제를 살펴보자. 바로 성차별 및 성희롱의 빈도와 그것이 다뤄지는 방식이다.

수석 재판관 이언 버넷의 2019년 상원 연설이 있기 전, 유수의 변호사들이 법조계의 성차별에 대해 발언했다. 칙선 변호사 크리스 헨리는 많은 여성 동료가 겪는 여성혐오에 관한 글에서 "날이 갈수록 더욱더 적대적이 되어가는" 형사 변호사 협회의 분위기와 "지독한 대우를 받는" 여성들의 사례를 언급했다.[22] 이에 여성 변호사들이 맞장구치면서 남성 동료들에게 간청한 요구 사항 중 하나는 "가슴이나 치마에 대해 반복적으로 농담하는 것을 멈춰달라, 빈정거림으로만 일관하지 말아달라"는 것이었다. 터무니없는 요구와는 거리가 멀지 않은가?

그러나 실제로 이 문제를 겪고 있는 사람과 접촉했을 가능성이 어쩌면 법조계 전체에서 가장 낮을지도 모르는 수석 재판관은 "여성들이 판사직에 지원하는 것을 저지당하고 있다는 증거에 대해서는 아는 바가 없다"[23]라고 말했다. "정치인들에게나 익숙한 현상이 일어나고 있는 것은 아닌지 우려된다…… 똑같은 (성차별) 사례가 반복적으로 언급되는 것으로 보아 가짜라는 생각이 든다…… 고등법원과 가정법원에 재직하는 판사 수백 명 가운데 이런 문제를 겪는 사람이 존재한다면 아주 극소수임에 틀림없다."

물론 편견적이거나 차별적인 행동은 꿈에도 하지 않을 훌륭한 판사가 많은 것도 사실이다. 시스템 안에서 변화를 만들기 위해 실질적인 노력을 하는 사람도 많다. 그러나 수석 재판관이 일축했듯 한두 개 사례가 계속 재활용된다는 주장은 사실이 아니라는 증거가 존재한다. 변호사와 법률 보조원 등 법조계에서 일하는 여성 700여 명을 대상으로 한 2020년 연구에 따르면,[24] 성차별을 직접 겪거나 목격한 사람이 58퍼센트에 달했으나 이 중 거의 절반이 경력에 악영향이 미칠까봐 불만을 제기하지 않았다. 그해에 한 흑인 여성 변호사는 하루에 세 번이나 피고로 오인받아서, 재판정에는 "변호사만 들어갈 수 있다"는 말을 들었다.[25] 그리고 런던 지하철에서 여성 승객의 치마 속을 휴대전화로 촬영한 혐의를 받은 정부 고문 변호사는 "직장에서 받는 스트레스"와 "(아내가 아파서) 집에서 받는 스트레스"로 인한 "충동적" 행동이었다는 그의 주장을 조정위원회가 받아들여서 제명당하지 않았다.[26] 또 그놈의 '스트레스받는 불쌍

한 남자' 타령이다.

나는 로스쿨 재학 시절에 한 퇴직 판사의 강의를 들은 적이 있다. 그는 세상에는 다양한 스타일의 변호사가 있다고 했다. 웅변가 스타일, 설득가 스타일, 분석적이고 철저한 스타일 등등. 한 학생이 여성 변호사가 겪는 어려움에는 어떤 것이 있냐고 묻자 그는 변호사가 여자라는 사실 자체가 하나의 스타일이라고 했다. 왜냐하면 여성 변호사는 "배심원들에게 꼬리를 칠" 수 있기 때문이다.

이런 이야기를 듣고도 우리의 법률제도가 완벽하게 공평하고 공정한 시스템이라고 말하기는 어렵다. 그리고 최상층에 있는 사람들이 자기네 시스템 내부의 여성혐오를 해결하기는커녕 인정하지도 않는다면 어떻게 그들이 마찬가지로 보이지 않는 여성혐오에 의한 범죄를 경험한 여성들에게 정의를 구현해주리라 기대할 수 있겠는가?

사법체제는 강간이나 가정폭력을 겪은 여자들만 저버리는 것이 아니다. 여자들은 성별로 인한 괴롭힘, 차별 또는 부당 대우를 마주했을 때 거의 매번 극복하기 어려운 장애물을 만난다.

우리는 이미 성기노출 사건이 재판까지 가는 경우가 얼마나 드문지, 성추행을 당한 피해자 수와 법적 정의를 실현한 사람 수 사이에 얼마나 큰 차이가 있는지를 봤다. 장벽은 여자가 그런 사건을 신고하기도 전부터 시작된다. 사회가 계속해서 우리에게 그것이 더듬기에 '불과'하다고, 농담에 '불과'하다고, '남자애들이 다 그렇다'고 주지시키기 때문이다. 이 장벽은 시스템의 모든 층위에서 끈질기게 이어진다.

이는 정의에 대한 권리를 당연히 가졌음에도 번번이 좌절당하는 여성 개인에게도 짜증 나는 일이지만 성범죄라는 것이 '가벼운' 행동에서 심각한 학대로 쉽게 돌변한다는 점을 고려하면 훨씬 더 절망적이다. 신고를 포기당한 모든 여자는 자기 자신뿐만 아니라 셀 수 없는 미래의 피해자들에게도 정의의 실패를 상징한다. 그리고 실제로 범죄 피해를 겪었는데도 "유난 떨지 말라"는 말을 들은 경험은 엄청난 심리적 충격으로 남을 수 있다.

설사 재판까지 간다 하더라도 (성범죄가 당연시되는 우리 사회에서) 피고와 유사한 범죄를 저지르고도 아무런 처벌도 받지 않은 남성 배심원을 만날 가능성을 상상해봐라. 이 말이 과장처럼 들린다면 영국 남학생들에 의한 성폭력을 조사한 2021년 연구를 참조해라. 조사 대상 554명 가운데 예순세 명은 자신이 지난 2년 사이에 성추행, 강간 또는 그 밖의 "강압적이고 상대방이 원치 않는 사건"을 저질렀음을 인정했다.[27] 이를 확률로 환산하면 11퍼센트다. 배심원은 총 열두 명이니 완전히 터무니없는 이야기는 아닌 셈이다.

그리고 '원치 않는 성적 접촉'을 경험해본 여자를 몇 명이나 알고 있는지 스스로에게 물어봐라. 더듬기. 쓰다듬기. 만지기. 핥기. 그러쥐기. 삽입하기. 이것은 고질적 현상이다. 단지 우리가 '성폭력'이라 부르지 않을 뿐이다. 법적 전문성도 없고 피고와 똑같은 행동을 한 경험이 있을 가능성이 높은 남성 배심원이 성폭력 혐의를 받는 누군가에게 유죄를 선고할 가능성이 얼마나 될까? 혹은 적어도 그 사실이 배심원들의 의사 결정에 영향을 미칠 가능성이 얼마나 될까? 당신은 이러한 현상이 일어날 법한 다른 종류의 범죄를 떠올릴 수 있는가?

그래서 유죄판결은 고사하고 재판까지 가는 건수를 다 따져봐도 극히 미미한 수준에 그치는 것이다. 그리고 이렇게 정의가 구현되지 않으면 성범죄는 정말로 범죄가 아니라는 생각을 강화하는 데 도움이 된다.

직장에서의 부당 행위

직장에서 차별이나 괴롭힘을 경험한 사람들에게는 시스템상의 장벽이 있다. '장난'이나 농담으로 치부하라는 압력을 극복한 뒤에도 어떤 식으로든 정의에 도달하기 위해서는 넘어야 할 거대한 산이 있다. 제일 먼저 마주치는 것은 몇 달씩 시간을 질질 끌면서 가해자와 소위 '중재'를 하라고 강요하는 내부의 메커니즘이다.

> 내가 성차별과 괴롭힘에 대한 불만을 제기하자 인사부는 '능숙하게' 시간을 끌고 지연했다…… 지금 와서 생각하면 불만을 제기했던 것이 후회된다. 아주 정당한 항의였음에도 불구하고 회사가 나를 '적'으로 대했고 불만 처리 과정 자체도 충격적이었기 때문이다. 나는 진실을 말하는 것만으로는 충분치 않고 사법제도는 대개 정의와 상관이 없음을 배웠다.

그다음으로는 대단히 자주 발생하는 반발 및 보복이 있다. 피해자들은 타격을 입는 것이 가해자가 아닌 자신의 경력임을 알게 된다.

나는 수년간 직장 동료에게 성희롱을 당하다가 마침내 성추행을 당했다. 내가 재직 중이던 공공 주택 협회의 상부에 보고했으나 아무런 조치도 취해지지 않았다. 그래서 이 사실을 공론화했더니 공격, 적의, 적대, 괴롭힘, 차별, 희생 강요가 이어지다 결국 해고당했다. 정의와 공정은 무슨!

직장에서 성희롱당한 여자들은 왜 신고하지 않았냐고 비난당하는 경우가 많다. 전체 여자의 절반 이상, 젊은 여성의 3분의 2가 직장에서 성희롱을 당하지만 고용주에게 보고할 엄두를 내는 사람은 약 5분의 1에 불과하기 때문이다. 여기서도 잘못된 건 시스템이지만 우리는 또다시 여자를 비난한다. 여자들이 고용주에게 보고하면 무슨 일이 일어날까? 75퍼센트는 결과적으로 아무것도 바뀌지 않았다고 말했고[28] 16퍼센트는 대우가 더 나빠졌다고 말했다. 바꿔 말하면 어떤 식으로든 긍정적인 결과를 얻은 사람은 9퍼센트에 불과하다는 뜻이다.

그런데 조정위원회까지 간 극소수에게도 전망은 밝지 않다. 그리고 이 극소수라는 것은 정말로 아주아주 작은 숫자다. 전체 여성의 절반 이상이 성희롱을 경험했다면 그 숫자가 수백만 건에 달한다는 것인데 평등 인권 위원회의 추산에 따르면 2018~2019년에 직장 성희롱으로 청구된 소는 겨우 열네 건에 불과했다.[29]

게다가 조정절차 자체가 정의 구현을 대단히 어렵게 만들 수 있다. 피해자는 괴롭힘이나 차별을 경험했을 때로부터 몇 달 안에 고용주를 상대로 제소해야 한다. 그러나 어떤 사람들은 마음을 단단히 먹고 신고할 용기를 내기까지 훨씬 더 오래 걸릴 수 있다. 또 어떤 사람들은, 특히 모성 차별의 경우, 아기가 아직 신생아일 때 엄청나게 스트레스 받고 비용이 많이 드는 조정을 선택하는 것이 아예 불가능하다.

> 나는 출산휴가 중에 직장 상사와 가벼운 대화를 나누다가 내 대타로 데려온 남자를 나보다 높은 직급으로 승진시킬 거라는 이야기를 들었다. 나는 해당 부서에서 4년간 일했지만 그는 입사한 지 두 달도 안 된 직원이었다…… 변호사를 고용할 형편이 안 됐던 나는 쓸모없는 사람이 된 것 같았고 우울했다. 설사 경제적 능력이 되었더라도 어린 자식 둘을 돌보고 모유수유를 하면서 조정절차를 견딜 수 있었을 것 같진 않다.

회사가 과오를 인정하더라도 피해자가 어떤 형태로든 보상을 받는다면 기밀유지협약서에 서명하라고 강요당할 가능성이 높다. 기밀유지협약서는 피해자가 경험한 차별이나 괴롭힘을 다른 사람에게 말하는 것을 금지하며 그녀가 자발적으로 회사를 떠난 척할 것을 요구한다. 그렇기 때문에 정확한 통계를 내기가 어렵지만 그래도 '임신해서 망한'과 같은 자선단체들을 통해 우리는 기밀유지협약서가 아주 흔하다는 사실을 알게 된다. 그것은 목소리를 낼 권리와 간절히 필요한 돈 사이에서 난감한 선택을 하라고 여자들에게 강요하는 한편, 회사들에게는 입막음 비용을 내는 대신 멋대로 구는 것을 허용한다.

> 모성 차별에서 가장 짜증 나는 부분은 내가 직장을 잃었을 뿐만 아니라 더 이상 내가 누구인지 알 수 없게 됐고 스트레스 때문에 무기력해져서 어떻게 재기해야 할지를 모르겠다는 것이다. 내가 가진 이 모든 분노와 상처를 떨쳐버릴 수가 없다. 법이 합의와 기밀유지협약서를 당연한 것으로 만들어서 이 모든 것을 나 혼자 다 감당해야 한다는 사실도 짜증 난다.

'임신해서 망한'의 설립자 조엘리 브리얼리는 이렇게 말한다. "막 출산휴가를 마치고 복귀한 엄마들의 직장 내 괴롭힘을 숨기기 위해 (기밀유지협약서를) 정기적으로 사용하는 유명 회사가 많다. 이 회사들의 이름을 밝힐 수는 없지만 영국에서 사랑받는 유명 브랜드들이 배후에서 무슨 짓을 하고 있는지 대중이 알게 된다면 대단히 충격을 받을 것이다."

가장 큰 문제는 기밀유지협약서가 연쇄 범죄를 은폐할 수 있다는 것이다. 똑같은 회사가 반복해서 여자를 차별해도 그 구조화된 여성혐오의 패턴을 아무도 폭로할 수 없기 때문이다.

여기서도 다른 성별 기반 범죄들과의 은밀한 공통점이 등장한다. 정의 구현은 당신이 그것을 감당할 경제적 형편이 되느냐 아니냐에 달려 있다는 것이다.

어린 자식이 둘 있는 젊은 싱글 맘은 직장 상사가 몇 달 동안 성희롱을 하다가 성추행을 시도한 뒤에 자신을 해고했다고 말했다. "나는 새 일자리 찾기 외에는 아무것도 하지 않았다. 겨우 스물두 살에 불과한 내가 변호사 비용을 낼 수 있을 리 없고 설사 재판까지 간다 해도 그가 그냥 거짓말하리라는 것을 알았기 때문이다."

또 다른 피해자가 조정위원회에 참석해 있을 때 남자 판사와 상대 변호사가 회사에서 여자를 "보지"나 "젖탱이"라고 부르는 것이 정말로 불쾌한 표현인지 그냥 장난인지를 두고 농담을 하기 시작했다. 더 이상 변호사를 고용할 돈이 없었던 그녀는 그 욕설들이 성차별적인 이유를 직접 설명해야 했다. 그녀는 남자 동료들에게 괴롭힘과 무시를 당했고 자신과 똑같은 일을 하는 남자들이 다섯 배의 급료와 100배의 보너스를 받는다는 사실을 알게 됐다. 그런데도 그녀는 본디 정의 구현을 위해 만들어진 제도 안에서 구조화된 성차별을 증명하기 위해 분투해야만 했다.

시스템은 우리를 위해 만들어지지 않았다. 그것 말고 다른 결론을 내리기란 불가능하다. 과감하고 철저한 개혁이 이루어지지 않는다면 시스템은 약자의 정의 구현을 가능케 하는 대신 권력자가 차별과 괴롭힘을 계속할 수 있도록 보호할 것이다.

'정의'가 실현됐을 때에도 그 결과가 늘 완벽하지는 않다. 단순하게 강간이나 가정폭력 혐의를 받는 모든 남자에게 더 길고 힘든 형벌을 내려야 한다고 주장하는 것은 학자들과 여성운동가들이 아주 신중하고 세밀하게 추적해온 대량 투옥•의 문제점을 무시하는 것이다. 여러 연구 결과에 따르면 구금형이 범죄나 재범을 예방하는 데 반드시 효과적이지는 않다. 또한 사회적 약자와 소수인종이 구금당할 확률이 훨씬 높다. 많은 국가, 특히 미국에서 형법 제도에 대한 논의와 인종차별—형법 제도에 만연하고 형법 제도가 악화시키고 있는—을 분리하기란 불가능하다.

따라서 쟁점은 무조건 형기를 늘려야 한다는 것이 아니다. 다른 범죄들에 비해 사법체제가 강간을 다루는 방식이 충분히 엄중하고 진지하지 않음을 인정해야 한다는 것이다. 여성의 직장 내 괴롭힘과 차별이 너무 당연시되어서 거의 아무런 처벌도 받지 않는다는 것을 깨달아야 한다는 것이다.

형벌 제도의 개혁을 향해 희망차게 나아감에 있어서 우리는 성별 기반 괴롭힘의 심각성과 영향력을 완전히 숙지할 필요가 있다. 정의는 어떤 형태를 띠건 간에 피해자들이 좌절할 정도로 멀어서는 안 되고 쉽게 손에 닿을 수 있어야 한다.

• 인구 대비 수감자의 비율이 지나치게 높은 것.

정치와 특권

여기서 더 깊이 들어가보자. 형법 제도는 그것에 심각한 영향을 미치는 정치와 따로 떼어서 볼 수 없다. 앞서 언급한 수석 재판관의 발언이 상원 연설에서 나왔다는 사실은 우연의 일치가 아니다.[1] 상원이라는 권력기관은 그 구성원의 약 4분의 3이 남자이고 겨우 6퍼센트만이 소수인종이다.(영국 전체 인구에서 소수인종의 비율은 13퍼센트다.) 정치 권력 구조 전체에 퍼져 있는 이 불균형은 새로운 법안에 투표하고 개정하고, 경찰 고위 간부를 임명하며, 교육정책 및 기타 정책들의 우선순위에 영향을 미치는 사람들의 구성에 반영된다.

만약 하원의 구성이 영국 인구의 구성비를 반영했다면

소수인종 의원이 아흔세 명 있어야 하지만 현재는 예순다섯 명이다.[2] 하원의 여성 의원은 3분의 1에 불과하며 내각 인사 중에서는 채 5분의 1도 안 된다.[3] 물론 그렇다고 해서 이 압도적으로 남성 지배적인 기관의 남자 구성원들이 여성 대상 폭력이라는 문제와 그 복잡성에 대해 알지 못한다거나 그것을 해결할 효과적 수단을 강구할 수 없다는 뜻은 아니다.

다만…….

바로 이 압도적으로 백인 남성 지배적인 국회가 여성 긴급 구조 서비스를 절체절명의 위기에 빠뜨렸다.[4] 통탄할 만한 예산 부족 때문에 이 구조 서비스는 수백 명의 여성과 어린이를 그냥 돌려보낼 수밖에 없었다. 또한 이 국회는 여성운동가들이 그토록 애원했음에도 가정폭력법에 여성 이민자를 위한 조항을 추가하길 거부함으로써 생존에 필수적인 도움을 누구한테는 제공하고 누구한테는 제공하지 않는 이중적인 시스템을 만들었다. 응급 상황 대응 과학 자문단이 2020년에 개최한 회의 일흔세 번의 의사록을 분석한 런던정치경제대학교의 논문에 따르면, 이 국회는 코로나 대책을 수립하는 동안 내내 성별을 고려하지 않았고 그 결과 코로나의 성 편향적 영향을 줄이려는 정부의 노력은 거의 전무했다.[5] 코로나의 성 편향적 영향이란, 예를 들면 직장인 아빠들보다 직장인 엄마들의 실직률이 훨씬 높았고,[6] 술집들은 번창한 반면, 임신부들은 홀로 출산을 해야 했다.[7] 숙박업, 소매업, 서비스업계의 대량 실직으로 가장 큰 타격을 받은 것은 저임금 여성 노동자들이었다. 임신부들이 직장에서 보호받지 못해서 간호사 메리 아자퐁의 죽음 같은 비극적 결과를 낳았다.[8] 심지어 바이든의 '더 나은 재건' 법안도 대부분 건설 계획에 초점이 맞춰져 있었다. 여성 예산단의 연구에 따르면[9] 비슷한 액수를 돌봄노동에 투자할 경우 세 배에 가까운 일자리를 창출할 수 있고 그중 대부분이, 실직 위험이 남성들보다 높은 여성들에게 돌아가는데도 불구하고 말이다.[10]

여자들이 냉담하게 혹은 고의로 무시되고 있다는 뜻은 아니다. 그러나 다양성이 낮은 무리가 국민 전체를 대표해서 결정을 내릴 때 사각지대를 낳을 가능성이 높다는 것이 반복적으로 증명되고 있다. 코로나 봉쇄령의 연쇄적 효과로 가정폭력이 급증할 수 있음을 정부가 예상하지 못한 것처럼 말이다. 봉쇄령이 내려진 후 영국 정부가 가정폭력 신고 전화에 200만 파운드(약 33억 원)의 예산을 추가했으며 가정폭력 신고를 장려하는 SNS 캠페인을 벌일 것이라고 발표하기까지 19일이 걸렸다. 거의 3주에 가까운 시간 동안 여성 열한 명, 어린이 두 명, 남성 한 명이 가정폭력이 의심되는 사건으로 살해당했다.[11]

다양성 부족은 우리가 2021년 11월에 본 것 같은 기막힌 정치적 촌극을 낳기도 한다. 당시 하원의원들은 공공장소에서 모유수유 중인 여성을 동의 없이 촬영하는 것을 불법으로 규정하는 법안을 발의했다. 지금까지는 아무 문제도 없다, 그렇지 않나? 도대체 누가 이 법안에 반대한단 말인가? 그때 (선출이 아니라) 상속에 의해 상원의원이 된 트리디거 남작 데이비드 울프슨이 등장한다.[12] 그는 어떤 사내가 자신의 성적 만족을 위해 해변에 있는 자기 아내의 사진을 찍었는데 그 뒤에서 모유수유하던 여성이 우연히 찍혔을 경우 그 남자를 부당하게 범죄자로 만들 수 있다는 이유에서 이 법안에 반대했다. 아니, 농담 아니다.

케케묵은 성차별적이고 계급 차별적인 규칙 때문에, 선출되지 않은 남자들이 법에 영향을 미칠 수 있는 권력을 상속받게 하면 이런 일이 일어난다. 모유수유를 하는 여자가 성희롱당하지 않을 권리는 해괴하고 일어날 가능성이 극히 낮아 보이는 가상의 상황에서 가상의 남자가 가진 가상의 성적 만족감을 위해 희생된다. 많은 사람이 지적했듯이 울프슨의 가족 휴가 사진은 대단히 흥미로울 것 같다. 그러나, 정말로, 국민 대부분의 경험에 대한 지식도 이해도 거의 없는 부유한 백인 남자들이 우리의 정치제도를 지배하고 있다는 사실이 왜 중요한지를 증명하는, 이보다 더 강력한 (또는 우스꽝스러운) 예가 있다면 부디 들려주기 바란다.

레일라 시라드 후세인 박사는 남자 패널이 대부분인 국회 증거 청취에서 여성할례 금지법에 대해 이야기했던 초현실적이면서도 짜증스러운 경험에 대해 들려준다. "우리는 지금 여성의 신체에 대해 이야기하고 있다. 그런데 내가 어떻게 남자들로만 이루어진 무리 앞에서 여성할례 이야기를 하겠는가?"

님코 알리도 비슷하게 짜증 나는 경험을 회상한다.[13] 당시 보건복지부 장관이었던 제러미 헌트가, 여성할례를 받은 당신도 오르가슴을 느낄 수 있냐고 물은 것이다. "그건 당신이 얼마나 잘하느냐에 달렸죠, 제러미"라고 그녀는 응수했다.

텍사스주지사 그레그 애벗은 임신중절을 거의 완전히 금지하는 새로운 법안을 옹호하면서 이렇게 말했다. "이 법에 따르면 여성이 임신중절을 받을 수 있는 기간은 최소 6주 이상이다." 하지만 이 발언은 그에게 여성의 신체와 관련된 의학적 지식이 전무함을 증명했다. 의사들이 임신 기간을 계산할 때는 배란일이나 착상일부터가 아니라 마지막 생리주기의 첫날부터 세기 때문이다. 즉 새로운 법안하에서 여성이 실제로 임신중절을 할 수 있는 기간은 6주보다 훨씬 짧다는 뜻이다.[14] 그리고 같은 사람의 생리주기도 늘 일정한 것이 아니기 때문에 6주가 지날 때까지 자신이 임신했다는 사실조차 모르는 사람도 많다.

새 법안이 강간 피해자들에게 미치는 영향에 대한 질문을 받았을 때에도 애벗은 얼토당토않은 답변을 했다.[15] "텍사스주는 공격적으로 거리로 나가서 강간범들을 체포하고 거리에서 끌어냄으로써 텍사스 거리에서 모든 강간범을 제거하기 위해 끊임없이 노력할 것이다." 강간범이 여성에게 끔찍한 범죄를 저지르기 때문이 아니라 임신중절 때문에 (임신중절 금지와 상관없이 우선순위였어야 마땅했던) 강간범 체포를 우선시하겠다는 것만으로도 이미 최악인데, 이 발언은 그가 강간이라는 범죄의 성질을 전혀 이해하고 있지 못함을 드러냈다. 강간범은 거리에서 만난 수상한 낯선 사람일 가능성보다 남자친구나 직장 동료, 친구나 지인일 가능성이 높기 때문이다. 또 남자친구나 남편에게 강간당해 아이를 임신해도 중절할 수 없다면 피해자가 그 관계에서 벗어나는 것이 더 어렵고 복잡해질 수 있다.

자신의 행동과 결정이 어떠한 결과를 가져올지에 대한 지식이 전혀 없는 남자들이, 여자들의 삶을 끔찍하게 만들 법을 제정하도록 정말 내버려둬야 하는가?

정치 풍토

어쩌면 가장 큰 아이러니는 국회 내에서 여성 정치인들이 너무 많은 차별과 괴롭힘으로 인해 제 목소리를 내지 못해서 안 그래도 여성들이 직면하는 차별과 괴롭힘이라는 특정한 경험을 인식하지 못하는 정치인들의 무능이 더욱 악화된다는 사실일 것이다. 국회는 돌봐야 할 가족이 있는 의원들에게 적대적이다. 국회가 처음 만들어졌을 때 이후로 운영 방식이 거의 바뀌지 않았기 때문이다.(그때는 여자들이 정치인이 되는 것은 고사하고 투표권도 없던 시절이었다.) 하원의원은 유권자들에게도 시간을 할애해야 하고, 국회에도 출석해야 하며, 낮이고 밤이고 아무 때나 투표하러 나올 수 있어야 한다.[16] 대리투표나 제대로 된 출산휴가 규정조차 마련되어 있지 않다. 그 결과 튤립 시디크나 스텔라 크리시 같은 여성 의원들은 제왕절개술을 연기하거나 임신 9개월의 몸으로 임신당뇨병과 싸우느라 헐떡이며 등원할 수밖에 없다.[17] 그것이 그들이 자기 일을 제대로 할 수 있음을 보여주는 유일한 방법이기 때문이다. 이에 대해 정부가 귀 기울이거나 신경 쓰거나 뭔가 조치를 취하게 만드는 것은 불가능하다. 대부분의 국회의원이 남성이라 이런 불편을 느껴본 적이 없어서 대다수가 이런 문제가 존재한다는 사실조차 모르기 때문이다! 악순환의 연속이다.

공천 및 선거 과정에서 차별과 맞서 싸워 이긴 여자들은 당선 직후부터 강간과 살해 위협에 시달리는데 이것은 여성 정치인에게는 이미 일상이다. BBC와의 인터뷰에서 한 하원의원은 이렇게 말했다.[18] "나는 창녀, 걸레라 불리고 젖탱이 치워라, 머리가 나쁘다, 멍청하다, 집에 가서 케이크나 구우라는 말을 듣는다…… 그들은 내가 교육을 제대로 못 받았기 때문에 정치판에 낄 자리가 없다고 주장한다. 나는 이런 이야기를 매일 반복해서 듣는다."

괴롭힘은 교차성을 띤다. 온라인에서 끔찍하게 여성혐오적이고 인종차별적인 말을 듣는 흑인 노동당 하원의원 다이앤 애벗은 2017년 총선 선거운동 기간 동안 여성 하원의원들에게 보내진 악플 중 거의 절반의 수신인이었다.[19]

바꿔 말하면 누구보다 국회에 필요한, 주변화된 집단 출신의 하원의원들이야말로 지속적이고 악의적인 협박의 무게를 견디고 있을 가능성이 높다.

그렇다, 정계에서 일하는 여자들에 의해 신고되는 성희롱과 성추행이 불쾌할 정도로 꾸준히 발생한다는 사실을 들으면 당신은 놀랄지도 모르겠다. 영국에서 실시한 설문조사에 따르면,[20] 2021년 한 해 동안 성희롱을 신고한 적 있는 정계 종사자가 전체의 5분의 1에 달했는데 신고자의 성별은 여자가 남자의 두 배였다. 그러나 수사기관과 사법기관에서 그랬듯이 이번에도 이 문제를 해결할 정책과 절차가 통탄하리만치 부족하다.

미투운동이 시작되면서 현직 하원의원에 의한 강간, 성희롱, 괴롭힘이 수없이 폭로되자 2019년 정치인들은 이런 일을 쉬쉬하며 덮어버리고 가해자에게 거의 아무런 책임도 묻지 않는 망가진 시스템을 고치겠다고 약속했다.[21] 한 조사에 따르면 국회에는 면죄의 관습이 있어서 많은 사건이 "경의, 복종, 묵인, 침묵"의 문화 속에서 "오랫동안 묵인되고 숨겨져"왔다.[22] 그러나 당시 그토록 요란스럽게 '개혁'을 홍보했던 것과는 달리 성희롱을 신고한 사람들은 몇 년째 여전히 결과가 나오기만을 기다리고 있다. 게다가 한 보수당 하원의원이 자기 보좌관에게 강압적인 성적 접근을 반복적으로 했던 사실이 외부 감사에 의해 발각되어 당원 자격이 정지되었다가 최근 복당한 것을 보면 개혁하겠다는 그들의 주장을 믿긴 어렵다.[23] 또 한편으로는 현직 보수당 하원의원과 한 기자가 당시 총리였던 보리스 존슨의 아버지가 부적절한 신체 접촉을 했다는 혐의를 제기했을 때—당사자는 부인했다—여당은 쥐 죽은 듯 침묵했다.[24] 문제의 하원의원인 캐럴라인 노크스가 나중에 말하길, 언론은 즉각 그녀의 과거 성생활을 파헤치면서 그녀가 '성추행 당해도 싼 여자'라는 증거를 찾으려 애썼고 한 동료 의원은 인터뷰에서 "나는 그런 일이 있었다고 생각하지 않는다"라고 대놓고 말했다.[25]

권력을 쥔 사람들은 여성 대상 폭력과 구조적 여성혐오라는 문제가 얼마나 복잡하고 광범위한지 거의 알지 못한다. 세라 에버라드의 죽음에 대한 영국 정부의 대처는 클럽에 사복경찰을 배치하고 거리에 더 많은 CCTV 카메라를 설치하겠다고 제안하는 것이었다. 그러나 이 방법은 애초에 괴롭힘을 유발한 여성혐오적 태도의 타파에는 아무런 도움도 되지 않을 것이고, 안 그래도 경찰이 여성 대상 폭력을 다룰 때의 문제점과 2차 가해를 적은 목록의 길이가 어마어마한 데다 현직 경찰관이 젊은 여자를 강간 살해까지 한 마당에 더 많은 경찰을 배치한다고 해서 여자들이 안심할 리도 없다. 그중에서도 가장 중요한 부분은 이 해결책 또한 소위 독립 사건에 초점을 맞출 거라는 사실이다. 이 문제의 시스템적인 요소에는 아무런 영향도 미치지 못할 것이다.

2021년에 영국 내무부 장관 프리티 파텔은 여자들이 집으로 걸어갈 때 그 경로를 기록하고 만약 그들이 목적지에 도착하지 못하면 알람을 울리는 새로운 앱의 출시에 대해 이야기했다.[26] 그녀는 "이 새로운 비상 직통전화•는 준비되는 대로 곧장 시행할 수 있는, 정확히 지금 우리에게 필요한 혁신적 방안이다"라고 말했다. 여성단체들에게는 청천벽력 같은 소식이었다. 그들은 그동안 증거를 바탕으로 한 실질적 해결책을 주장해왔고 거기에는 교육, 국민인식을 높이기 위한 캠페인, 가해자에게 초점 맞추기가 포함되어 있었다. 그러나 정부는 그들의 이야기를 전혀 귀담아듣지 않은 듯했다. 반면에 성폭력에 대한 아무런 전문 지식도 없는 회사가 만든, 실제 공격을 예방하는 역할은 전혀 안 하

• 파텔은 이 새로운 앱에서 888이라는 전화번호로 경찰도 부를 수 있을 것이라고 설명했다.

면서 또다시 여자들의 자구책을 하나 더 추가하는 앱은 곧바로 내무부 장관의 마음을 사로잡았다.

미안한데 내 캠핑 배낭 좀 내려놓겠다. 내가 '여자로서 외출하는 위험을 무릅쓰는 데 필요한' 장비를 전부 담기 위해서는 이 정도로 큰 가방이 필요했다. 여기에는 경보기, 호신구, 약물 검사기, 정조대, 버스를 불러 세울 때 필요한 손전등, 수갑 몇 개, 돋보기, '안전하게' 집까지 걸어가기 위한 단화가 들어 있다. 이제 나는 이것들을 전부 내려놓고 자유로운 손으로, 내 위치를 추적하고 내가 특정 시간에 목적지에 도착하지 않으면 다른 사람에게 알려주는 앱에 내 위치를 입력하겠다. 그렇다고 내가 살해당하기 전에 누가 달려와줄 수 있는 것은 아니지만, 뭐 어떤가. 적어도 경찰이 내 시체를 편하고 쉽게 찾을 수는 있을 것이다. 그리고 경찰이 접속할 수 있는 데이터베이스에 여자 혼자서 집까지 가는 경로를 입력한다는 점에 대해서는 전혀 염려할 필요가 없을 것이다. 경찰은 절대 혼자 사는 연약한 여자를 노리지 않을 테니까, 그렇지 않은가?

세라 에버라드의 죽음 이후 보리스 존슨 총리가 하원 연설에서 "우리는 여성들의 우려 해소를 저해하는, 구조적 성차별과 무관심을 해결해야 한다. 그것이 기저에 깔린 근본적 문제이기 때문이다"라고 말했을 때 그는 마치 성차별적인 태도와 성폭력이라는 복잡한 연속체를 이해한 것처럼 보였다. 그러나 그가 깨닫지 못한 것은 유명하고 영향력 있는 공인이자 전직 언론인인 그야말로 애초에 그런 태도를 당연시하고 부추기는 데 일조한 인물이라는 사실이었다. 그는 무슬림 여자들이 "우편함 구멍"이나 "은행 강도"처럼 보인다고 조롱했다.[27] 여자들을 "색녀"라고 불렀고, 싱글 맘의 자녀를 "잘못 키운, 무식한, 공격적인 후레자식"이라 묘사했으며, "여자들의 결혼하고 싶은 욕구를 되살리기 위한" 조치를 요구한 것으로 유명하다. 여자들이 대학에 진학하는 유일한 이유는 "결혼할 남자를 찾기 위해서"라고 말하기도 했다. 또한 "오늘날 영국 남자들은 자기 여자를 통제하길 주저하거나 아예 통제하지 못한다"고 비판했다. 직장에서 여자 상사가 충고를 하면 "그녀의 엉덩이를 툭툭 치면서 그만 가보라고 해야 한다"고 썼다.[28]

이것들은 실언이나 말실수가 아니다. 대부분이 즉흥적이거나 충동적으로 나온 말이 아니라 수백만 구독자가 읽는 전국지에 실린 기사에서 인용한 문구들이다. 여기서 드러나는 남성은 여성혐오적이고 인종차별적인 발언을 반복함으로써 자기가 얻는 것이 무엇인지를 정확히 알고 있다.[29] 그는 "보수당에 투표하면 더 가슴 큰 아내를 얻을 수 있다"고 약속했을 때처럼 자신과 같은 편견을 가진 남자들의 지지를 얻기 위해 일부러 이런 발언을 하는 것이다. 괜히 미화하지 말자. 이것은 중요하다. 보리스의 트레이드마크인 천박한 농담 때문에 심각해 보이지 않을지는 모르지만 실상은 한 국가의 총리가 강압적인 통제와 직장 성추행을 지지하는 발언을 했다는 것이다.

이 발언들의 연장선상에서 볼 때 존슨이 한 오찬 행사에서 식탁 밑으로 손을 뻗어 옆자리에 앉은 여성 기자의 허벅지를 꽉 잡았다는 혐의가 제기되었다는 사실 또한 중요하다.[30] 그녀의 말에 따르면 존슨의 반대쪽 옆자리에 앉은 여자도 정확히 똑같은 일을 당했다고 한다. 존슨은 혐의를 부인했다.

과연 그는 어떤 의미에서든 '일상적 성차별이라는 근본적 문제'를 다룰 능력이 있는 사람인가? 그러나 영국의 우선순위를 최종적으로 결정하는 것은 바로 이 사람이다.

그렇다면 정치란 여자들을 철저히 무시하는, 성희롱이 일상인, 이런 문제들을 예방하고 해결하는 데 적합한 정책을 갖추지 못한 시스템이다. 마지막으로 남은 질문은 이 모든 문제가, 정치판이 내놓는 결과물에 영향을 미치느냐 아니냐뿐이다. 그것은 정계 밖까지도 불평등을 증폭하는 효과를 낳는가?

우선순위

2021년에 영국 전역의 젊은 여성들은 같은 학교나 대학교 재학생에게, 주로 교내에서, 성적인 괴롭힘이나 강간이나 심각한 성희롱을 당한 이야기를 공유하기 시작했다. 소마 사라가 만든 '모두를 초대합니다'라는 사이트에는 금방 5만 개의 증언이 모였다. 일상 속 성차별 프로젝트에서 여학생들이 공유한 수만 건의 이야기와 판박이인 이 증언들은 성폭력이 여자아이들의 안전과 안녕과 교육에 심각한 위협임을 확실히 보여줬다.

정부는 충격과 경악을 표했다. 당시 교육부 장관이었던 개빈 윌리엄슨은 "충격적이고 혐오스럽다"[31]고 말했다. 이것이 정부가 처음 접한 놀라운 정보라는 그의 주장에 언론은 힘을 실어주었다. 그리고 이 상황을, 학교를 불문하고 모든 여학생에게 영향을 미치는 끔찍한 성 학대라는 보건 위기가 아니라 "명문 학교 섹스 스캔들"로 명명하는 외설스러운 머리기사를 실었다.

그러나 정부는 사실 오래전부터 학교 성폭력 확산에 대해 알고 있었다. 정부 직속 기구인 여성 평등 특별위원회가 2016년에 교내 성희롱 및 성폭력에 관한 보고서를 발간한 바 있기 때문이다.[32] 조사 결과는 여학생들이 "학교에서 일어나는 강도 높은 성희롱과 성폭력을 지속적으로 신고하고 있음"을 아주 명확하게 증명했다. 보고서는 문제의 심각성을 보여주는 통계와 직접 증언으로 가득했고 30개가 넘는 제안으로 마무리를 지었으나 대부분이 실행되지 않았다.

이 보고서가 "정부와 학교는 성희롱과 성폭력 해결을 최우선 과제로 삼아야 한다"라고 강력히 주장했음에도 불구하고 5년 뒤 교육부 장관 본인은 문제의 규모를 모르는 듯했다. 물론 사실 정부는 모르지 않았다. 단지 10대 소녀 세 명 중 한 명이 교내에서 성추행을 당한 적이 있고 등교일 기준으로 평균을 냈을 때 매일 한 건의 교내 강간이 신고된다는 문제를 우선적으로 다루지 않았을 뿐이다.[33]

나는 중등학교 1학년 때 처음으로 혐오감을 주는 부적절한 신체 접촉을 당했고 수학 수업을 같이 듣는 남학생 둘로부터 누구에게든 발설하면 강간하겠다는 협박을 받았다. 그 경험은 두렵고 공포스러웠다.

'모두를 초대합니다'가 언론의 주목을 끌자 윌리엄스는 교육청에 조사를 의뢰했고 도움을 필요로 하는 피해자들을 위한 핫라인을 개설했다. 그러나 경찰로 이첩되거나 학교가 직접 해결에 나선 사건은 상대적으로 적었다. 용감하게 성추행과 성적 괴롭힘을 고발한 소녀들은 대부분 정의 구현을 보지 못했다. 언론매체들은 전도유망한 젊은이들이 무고를 당해 미래를 망칠 위험에 대해 한탄하는 기사를 쏟아냈다.[34] 그런 기사 중 하나는 "이런 '지목해서 망신 주기' 식의 접근이 과연 옳은가? 그리고 학교는 모든 학생의 안전을 지키는 것과 학생들이 실수하도록 내버려두는 것 사이의 균형을 어떻게 유지할 것인가?"라고 물었다. 언론은 다시 한번 다른 기관들과 발맞춰서 성폭력을 축소하고 과소평가했다. 이 경우에는 강간과 성추행을 단순한 "실수"로 조용히 격하했다.

나는 부유한 학부모들이 교장에게 "과잉 반응" 하지 말라고 강력하게 권고하면서 다급히 회유하는 편지를 보낸 학교들을 방문했다. 애초부터 그들이 걱정할 필요는 없었지만 말이다. 실제로, 이런 위험에 노출되었음에도 불구하고 확실히 단기간에 달라진 것은 거의 없었다.

게다가 2021년에는 유러피언 슈퍼리그가 유럽 축구팀 스무 개를 모아서, 유럽축구연맹이 여는 챔피언스리그의 대항마로 비밀리에 조직되었다는 뉴스가 보도되었다. 팬들은 슈퍼리그가 국내 리그를 무의미하게 만들어서 축구계 전반에 해를 끼칠까봐 우려했다. 이튿날 아침 이 축구의 '위기'는 거의 모든 전국지 1면을 장식했다. 헤드라인은 "우리의 스포츠를 위한 싸움", "우리 국기國技의 수치스러운 약탈", 심지어 "이제는 전쟁이다"도 있었다. 슈퍼리그가 끔찍하고 급박한 위협이라는 사실이 순식간에 명확해졌다. 총리는 즉시 변호사를 불러 모았고 축구협회, 프리미어리그, 다양한 축구 팬클럽과 회의를 잡았으며 슈퍼리그를 중단하기 위해 필요한 조치는 무엇이든 취하겠다고 맹세했다. "정부는 이 제안이 확실히 중단되게끔 법적조치를 포함한 모든 수단과 가능성을 모색하고 있다." ITV는 존슨 총리가 원탁회의에서, 정부가 슈퍼리그를 막기 위해 "법적 폭탄"을 즉시 떨어뜨려야 한다고 말했다고 보도했다. 그날 총리에게 원래 무슨 스케줄이 있었든 간에 연기됐음이 분명하다. 그동안 또 한편에서는 전문가에서부터 왕족에까지 이르는 모든 사람이 이 대참사 비난하기에 동참했다. "지금 우리는 그 어느 때보다 더 축구 팬들을 보호해야 한다"라고 윌리엄 왕세손은 트위터에 썼다. 결국 최초 발표로부터 72시간이 채 되기도 전에 슈퍼리그는 중단되었다. 거기에 포함되었던 프리미어리그 구단 여섯 팀이 모두 탈퇴했기 때문이다. 이 사건은 우리가 무언가를 '정치적 우선순위'로 간주할 때 어떤 결과까지 이끌어낼 수 있는지를 보여준다.

내가 이런 비교를 하는 이유는, 축구를 비난하기 위해서가 아니라, 영국이라는 나라가 전혀 다른 두 가지 주제—하나는 여학생 수천 명이 성추행과 강간을 당한 것이고, 다른 하나는 풀밭 위에서 이리저리 공을 차는 행위인—에 얼마만큼의 긴급도와 중요도를 부여하는가가 여실히 드러나기 때문이다.

대중매체의 여성혐오

대중매체에서 여성을 묘사하는 경향은 성차별적 태도를 반영하는 동시에 악화시키기도 한다. 여자들이 장식으로 사용되고, 성적 대상화되고, 어린애 취급을 당하는 예는 〈데일리 메일〉이 특정 신체 부위를 '과시'하거나 '뽐내'거나 갖고 있다며 여성들을 지속적으로 조롱하는 수많은 헤드라인에서부터 성차별과 여성혐오를 무기로 여성 정치인을 공격하는 행위에 이르기까지 다양하다.

버스 빈자리에서 펄럭이고 있는 신문, 수백만 가구가 아침 식사를 하는 동안 뒤에서 웅얼거리고 있는 텔레비전, 우리가 미용실이나 병원 대기실에서 쓱쓱 넘겨 보는 잡지…….

이외에도 많은 방식으로 대중매체는 우리 일상에 배경을 제공한다. 그것이 여성을 묘사하는 방식은 중요할 뿐만 아니라 아이들의 여성상 확립에 영향을 미친다. 아이가 그림을 그리려고 신문으로 덮인 식탁에 앉았을 때 정장 차림으로 열심히 일하는 남자와 단순히 장식으로만 사용된 여자의 이미지를 본다면 그때부터 이미 남자는 목적의식이 있는 중요한 사람이지만 여자는 장식품이라는 인식을 갖게 되는 것이다.

하지만 여기서 끝이 아니다. 대중매체는 여자를 어떻게 생각해야 할지만 가르치는 것이 아니라 변화를 가져오려는 우리의 노력이 사람들에게 전달되는 방식 또한 통제한다.

드물지만 설사 페미니즘과 관련된 주제가 헤드라인에 올라온다고 해도 그것은 곧잘 속물적이고 쉽게 발끈하는 내숭쟁이나 게으른 특권의식에 차 있고 지나치게 '깨어 있으며' 염치없는 밀레니얼세대의 터무니없는 요구로 포장된다. 직장 내 성희롱을 규탄하는 여자들에게는 "페미나치"라는 딱지를 붙이고 언론의 압력에 대해 소리 높여 이야기하는 여자들은 "버릇없고 오만한 계집애"라며 조롱하는 식의 묘사는 무익한 고정관념에 반영되어서 성 불평등은 더 이상 존재하지 않고 페미니스트는 과잉 반응하는 남성 혐오자라는, 남자들 사이에서 이미 인기 있는 생각을 더욱 강화함으로써 사람들이 긍정적 변화에 동참하도록 설득하는 것을 훨씬 더 어렵게 만든다.[1]

예를 들어 미투운동이 시작된 이후에 자신의 경험을 이야기한 여자들은 사람들이 그들의 이야기를 믿지 않거나 무시하는 것을 자주 목격했다. 주요 언론매체는 미투운동이 남자들에 대한 "마녀사냥" 아니냐, "페미니즘이 선을 넘은" 것 아니냐고 질문했다. 미투운동이 부활한 다음 해에 미국에서 흔한 직장 내 활동, 예를 들면 멘토링이나 일대일로 일하기 같은 행위를 여성과 함께하는 것이 불편하다고 말한 남성 관리직의 비율은 32퍼센트 증가해서 전체의 60퍼센트가 되었다.[2] 이런 변화는 많은 언론매체들이 보도한 것처럼 자기 경험담을 공유한 여자들에 대한 '백래시'[•]로 해석되어서는 안 된다. 그것은 한마디로 말이 안 된다. 직장에서 여성을 성추행하거나 성희롱한 적이 없는 남자들에게는, 성희롱이나 성추행을 신고하는 여자들이 위협이 아니기 때문이다. 그럼에도 불구하고 남자들이 스스로 위험하다고 느끼는 이유는 모든 남자가 미투운동 때문에 위험에

• 반격. 주로 페미니즘에 대한 반동을 가리킨다.

처해 있다고, 여자들이 남자들을 파멸시키기 위해 거짓말을 지어낸다고 반복적으로 암시하는 언론의 수사법에서 기인한다. 한 연구에 따르면 미투운동에 관한 영국 신문의 보도 가운데 긍정적인 내용은 겨우 56퍼센트에 불과했다.[3]

정치인에게 책임을 지울 것인지 말 것인지, 어떤 이야기나 스캔들을 보도할 것인지 묻을 것인지 선택할 힘도 대부분 언론에 있다. 총리의 경력을 결정하고 심지어 선거를 좌우할 힘까지 가진 신문들이 우리에게 보여주는 것은 사회를 비추는 거울의 기능을 훨씬 넘어선다. 언론 자체가 또 다른 권력기관이다.

이 모든 것은 밀접하게 연관되어 있다. 예를 들어 주요 언론매체가 여성 정치인들을 여성혐오라는 무기로 괴롭히는 상황에서 더 많은 여자를 정치판으로 끌어들이긴 어렵다. 스코틀랜드 최초의 여성 총리 니컬라 스터전은 극도로 성적 대상화된 캐리커처로 묘사되는가 하면 하이힐 신은 "맥베스 부인", 아기 죽이는 "고질라", 남자 라이벌들보다 더 큰 불알•을 가진 "리틀 미스"•• 등 다양한 별명으로 불렸

• 배짱이라는 뜻도 있다.

•• 영국의 아동작가 로저 하그리브스의 '리틀 미스 시리즈'는 우리나라에서 'OO양' 시리즈로 출간되었다.

다.[4] 이렇게 일상적인 언론의 묘사는 여성 정치인들이 매일같이 직면하는 온라인 악플 세례에 물꼬를 터준다. 유권자들이 여성 하원의원에게 보내는 살해 협박이 담긴 메시지의 '전송'을 클릭하기가 얼마나 쉽겠는가. 만약 주요 언론 매체가 약간이나마 건전해 보이게끔 각색한 편견과 공격을 정기적으로 공급하고 있다면, 또는 이 여자들이 애초에 인종차별적이고 성차별적인 대우를 받은 적이 없다며 조롱하는 기사를 싣는다면.[5]

이런 현실 안주, 현실 부정, 노골적으로 깔보는 일축과 맞닥뜨리면 참을 수 없을 만큼 화가 난다. 나는 이렇게 삐걱거리는 불협화음의 감각을 어떻게 묘사해야 할지 모르겠다. 또다시 페미니즘이 선을 넘었느니 안 넘었느니, 성차별이 여전히 존재하느니 않느니를 놓고 또 한 명의 중산층 백인 남자와 '토론'하기 위해 또다시 주간 텔레비전 프로그램에 출연하기 직전에, 메이크업아티스트가 나에게 자신의 권력과 지위를 이용해 그녀를 성추행하고도 아무런 처벌도 받지 않은 스타에 관해 눈물을 흘리며 이야기한다. 또는 나를 스튜디오까지 안내하는 FD가 자신이 매일같이 겪는 성차별을 내 귓가에 속삭인다. 또는 나에게 옷을 입혀주는 스타일리스트가 대기실에서 차 한 잔을 손에 쥐고 앉아 자신의 경험을 들려준다. 나는 이 여자들을 안다. 그들의 이야기를 들었다. 그리고 잠시 후에 나는 카메라 앞에 앉아서 한 남자로부터 내가 과잉 반응을 하는 거라는 말을 듣는다. 그는 자신이 겪어본 적 없는 일에 대해 전혀 아는 게 없지만 그럼에도 수백만 시청자 앞에서 자신 있게 그 일의 존재를 부인한다. 그 결과 시청자들 가운데 많은 이가 그들의 반페미니즘적인 의심과 오해를 편안하게 공증받을 것이다.

때로는 언론인으로서의 균형을 잡으려다 길을 잘못 드는 경우도 있지만 여성의 인격을 유린하는 것이 단순한 장난, 즉 재미를 추구할 기회로 간주될 때가 너무 많다. 예를 들면 신문에 토플리스 여자의 사진을 싣는 것에 관한 '토론' 전에 '긴장감을 높이기' 위해 토플리스 모델과 나를 각각 다른 대기실에 앉혀놓고는 프로듀서가 여자들끼리 머리채 잡고 싸우기를 바라는 마음을 노골적으로 드러내며 싸움을 부추겼을 때. 또는 성차별이 여전히 존재하느냐 아니냐를 놓고 나와 '토론'할 예정이었던 남성 언론인이 자기는 출연료를 받는데 나는 안 받는다는 사실을 알게 되자 방송 시작 몇 초 전에 연출자가 대기실에 들이닥쳐서 계약서를 내밀며 나에게 서명하라고 했을 때. 그 얘기를 듣고 다들 얼마나 웃었던지. 또는 어떤 주간 텔레비전 프로그램에서 유명 선동가가 길거리에서 성희롱을 당하는 10대 소녀들은 옷차림으로 “자초한 것”이라는 주장을 열렬히 고수하고는 촬영이 끝나자 함박웃음을 띤 채 내 손을 잡고 열정적으로 흔들면서 내가 졌지만 “아주 잘” 싸웠다고 치하하듯이 말했을 때. 나에게는 10대 초반부터 길거리에서 모르는 남자가 따라오거나, 나를 보고 자위하거나, 나에게 침을 뱉거나, 나를 붙잡거나, 내 몸에 손을 대거나 추행하는 것이 긴박한, 때로는 생사가 달린 문제였는데 그에게는 전부 장난에 불과했음을 그 순간 깨달았다.

2021년 가을에는 아주 짧은 기간 동안 영국 언론에서 여성 대상 폭력을 “테러만큼 심각하게—〈데일리 메일〉의 표현에 따르면 ‘**테러**만큼 심각하게’—인식해야 하느냐”를 놓고 ‘토론’하는 것이 유행한 적이 있었다. 셀 수 없이 많은 헤드라인이 그 문제를 고민했고 나도 방송에서 한 번 이상 질문을 받았다. 충격적이었던 것은 아무도 이 질문 자체가 얼마나 모욕적인지를 깨닫지 못했다는 사실이었다. 2003년부터 2020년까지 17년 동안 잉글랜드와 웨일스에서 테러로 사망한 사람은 (범인을 제외하고) 아흔다섯 명이었다. 다른 많은 해의 사망자는 0명이었다. 반면에 여자는 사흘에 한 명꼴로 남자에게 살해당하고, 매년 160만 명이 가정폭력을 경험한다. 그런데 우리는 여성 대상 폭력을 그 정도로 심각하게 받아들여야 할지를 가볍게 토론하고 있다.

그래서 여성운동가는 반복적으로 선택 아닌 선택에 직면한다. 나는 이 출연 섭외를 받아들여서 여성의 일상생활에 영향을 미치는 파괴적인 시스템의 불평등 쪽으로 관심을 돌리려고 시도해야 할까? 아니면 그 두 가지가 '동일한' 중요도를 가진 문제라는 잘못된 인식을 심어줄 위험이 있는 또 한 번의 '토론'을 거절함으로써 시청자들에게 호소할 기회 자체를 날려버려야 할까? 언론은 우리의 목을 틀어쥐고 있다.

물론 언론은 하나의 동질적인 기관이 아니다. 여성혐오를 강화하거나 심지어 증가시키는 방향으로 가는, 더 광범위하게 적대적이고도 침습적인 경향에 맞서 불평등을 폭로하기 위해 노력하는 일부 매체와 개인도 있다. 그러나 이 부문을 하나의 균질한 덩어리로 간주한다 해도 조직의 구성, 거기에서 일하는 여자들의 경험, 그 경험이 처리되는 방식, 그것이 우리 사회에 미치는 영향을 통해 언론이라는 시스템이 성차별적인지 아닌지를 테스트할 수 있다.

그런데 언론 시스템에서 성 불균형의 증거를 찾기 위해

멀리까지 갈 필요는 없다. 이 글을 쓰고 있는 지금, 영국 전국지의 편집장 가운데 여자는 다섯 명인 반면에 남자는 열네 명이기 때문이다. 가장 최근 데이터인 2017년 데이터에 따르면[6] 1면 기사 중에서 여자가 쓴 기사는 4분의 1에 불과했다. 그 전 데이터인 2012년과 비교했을 때 진보는 "더디거나 아예 없었다"고 논문 저자들은 지적했다.

또 여자들을 대상으로 한 성차별과 괴롭힘의 증거도 풍부하다. 2020년 유네스코 조사에 따르면[7] 설문에 응답한 여성 언론인의 73퍼센트가 업무 중에 온라인 폭력을 경험했고, 25퍼센트는 물리적 폭력을 가하겠다는 협박을 받은 적이 있으며, 20퍼센트는 온라인 폭력을 겪고 나서 그와 관련된 오프라인 습격을 경험한 적이 있다. 영국 언론 및 광고 업계 종사자 3500명을 대상으로 한 연구에 따르면 18~24세 여자의 5분의 1이 이 업계에 처음 들어오고 나서 몇 년 안에 성희롱을 당했다.[8]

영국 언론계의 괴롭힘 문제를 해결하기 위해 여성 언론인들이 설립한 단체인 '2차 취재원'[9]에는 충격적인 제보가 감당할 수 없을 만큼 많았다. 예를 들면 "쉰 살 편집장이 스물두 살 인턴을 호텔 방으로 데려가 에로소설 잡지 표지를 위해 옷을 벗으라고 말했다"거나 "자신이 '충동을 참을 수 없다'는 이유로 관리자가 프리랜서를 해고했다"는 사례가 있었다.

그렇다면 성희롱이 일상인 이 남성 지배적 문화는 유해한 결과물을 낳을까?

그렇다. 성차별적인 언론보도의 홍수 속에서 그것을 발견할 수 있는데 너무 많아서 여기에 다 나열하기가 불가능할 정도다. 남성 지배적 문화의 결과물은 우리에게 제공되는 이야기나 관점, 생각을 선택하는 기준에서 드러난다. 영국의 여성 언론인 단체 '언론계 여성'의 보고서에 따르면[10] 놀랍게도 신문 1면에 실린 인물의 84퍼센트는 남자였다. 그리고 우리는 그것이 더 넓은 사회에 끼친 영향도 볼 수 있다. 2018년 연구에 따르면[11] 다른 변수들을 통제했을 때 언론의 성차별이 심할수록 여성 의원 후보의 비율이 낮은 것으로 드러났다. 보고서는 이렇게 결론지었다. "여성에 대한 언론의 성차별적 묘사는 여자들의 야망을 억누른다. 만약 언론 환경이 덜 성차별적이라면 그들은 기꺼이 후보로 나설 것이다."

이런 취급은 여자들이 정계에 들어서는 것을 꺼리게 만드는 요인인 동시에 이미 정치에 입문한 여자들을 바깥으로 몰아내는 요인이기도 하다. 2019년에 정계 은퇴를 선언한 거물 여성 의원의 상당수는 은퇴 이유 중 하나로 성차별과 괴롭힘을 꼽았다.[12] 여자들은 그냥 자질이 부족하고 정치에 관심이 없다고 말하는 남자들은 솔직히, 자신이 정계에 진출했을 때 전 국민이 그들의 몸매와 가슴골을 평가하리라는 것을, 신문 1면에 실렸을 때 독자들이 그들의 다리를 다른 여자와 비교하리라는 것을, 혹은 그들에 관한 기사의 제목이 단순하게 "이것은 누구의 젖통인가?"가 되리라는 것을 알았다 해도 정계 진출을 주저하지 않았을 거라고 말할 수 있는가?[13]

여성혐오는 잘 팔린다

우리는 이 머리기사들을 진공상태에서 경험하지 않는다. 머리기사들은 지면에서 공간을 차지하기 위해 화려한 광고들과 경쟁을 벌이는데 이 광고들은 계속해서 여성을 상품화하고 성적 대상화하는 동시에 우리가 텍스트로부터 흡수하는 메시지를 강화한다.

당신은 조니 뎁이 전처를 학대했다는 헤드라인이 실린 신문에서 그 이름도 구린, 디올의 '소바주'* 향수를 광고하는 조니 뎁의 거대한 사진을 발견할지도 모른다. "나는 할리우드에서 보이콧당하고 있다"[14]라고 뎁은 불평했지만 그가 '캔슬'에 대해 한탄하는 기사가 주요 주말 잡지 표지에 실린 지 3주 만에 그가 유수의 영화제에서 신작을 홍보하며 레드카펫 위를 걷고 나자 설득력을 상실하고 말았다. 이제 신문 기사들은 마치 패러디처럼 읽혔다.[15] "조니 뎁은 자신이 캔슬 컬처••의 피해자가 되었다고 주장하면서 한편에서는 산세바스티안 영화제에서 도노스티아상을 받을 준비를 하고 있었다." 그러나 우리가 헤드라인에서 읽었던 것을 잊지 마라.[16] "성폭력 고발이 유력한 남자들의 경력을 망치고 있다."

그다음으로는 여자를 중고차에 비유한 아우디 광고가 있다.[17] 또 벨파스트의 어느 술집 바깥에 놓인 칠판에는 이런 말이 적혀 있다. "아내는 '두들겨 팰beat' 수 있지만 5파운드짜리 점심은 '이길beat' 수 없다." 코로나 팬데믹 동안 무급 육아와 집안일의 맹공으로 많은 여성이 일자리를 잃었을 때 정부는 그런 일은 '여자들의 일'이라는 생각을 미

• '야만적인' 또는 '야만인'.

•• 사회적 물의를 일으킨 유명인이나 기업을 보이콧하고 온라인에서 조리돌리는 현상.

묘하게 강화하는 공익광고를 만들었다. 예를 들면 여자가 홈스쿨링을 하거나 아기를 돌보거나 바닥을 닦고 있을 때 남자는 소파에 누워 있는 모습을 보여주는 광고 말이다.[18]

문제는 성차별적인 광고만이 아니다. 그것이 강화하고 당연시하는 구조적 성차별도 문제다. 여자는 남자의 환상을 충족하기 위해 존재하는 성적 대상이라는 생각, 남자는 육아나 가사에 적합하지 않기 때문에 집에서는 쓸모가 없다는 생각, 인종차별적이면서 비현실적인 미적 기준에 부합하게 자기 몸을 바꾸는 것이 여자의 궁극적인 업적이라는 믿음 같은 것이 그 예다.

언론은 그 자체가 하나의 성차별적인 생태계이기도 하지만 다른 모든 해로운 시스템을 우리에게 보여주는 렌즈이기도 하다. 우리는 언론을 통해 교육, 경찰, 사법제도, 정치를 본다. 그런데 그 렌즈가 목적에 부합하지 않을 때, 즉 그것이 필수적인 감사를 피하고, 편파적 보도에 성적 대상화를 더하고, 사회적 고정관념이라는 불에 기름을 부을 때는 문제를 왜곡하기만 하는 것이 아니라 한층 더 악화시킨다.

점과 점 연결하기

연결고리를 찾고 있지 않은 사람은 거기에 연결고리가 있다는 것을 눈치채지 못할 수도 있지만 일단 찾기 시작하면 오히려 보지 않는 것이 불가능하다.

내가 이 책의 마지막 장을 쓰는 동안 어린 자녀가 있는 어느 일가족은 한밤중에 창밖으로 탈출해야 했다.[1] 여자친구의 이별 통보에 앙심을 품은 남자가 트레일러트럭으로 그들의 집을 들이받았기 때문이다. 언론은 이 사건을 "집안싸움"이라고 표현했다. 또 제이크 데이비슨이라는 남자가 세 살짜리 소녀를 포함한 다섯 명을 총으로 쏴 죽인, 10여 년 만에 일어난 영국 최악의 총기 난사극도 있었다.[2] 데이비슨은 온라인 활동을 통해 급진화되었다. 그가 남성우월주의적이고 여성혐오적인 '인셀(비자발적 독신남)' 온라인 커뮤니티에서 활발히 활동했음을 드러내는 상당한 증거가 속속 발견되고 있다. 그런데 이 총기 난사 사건이 극단주의—인구학적 특정 집단에 대한 혐오를 표현하는 무리에 의해 온라인상에서 급진화된 개인—의 모든 인장을 갖추고 있음에도 경찰은 곧바로 이 사건이 일종의 테러일 수도 있다는 가능성은 전혀 고려하고 있지 않다고 선언했다. 그도 그럴 것이, 여성 대상 폭력이 이렇게 흔한데 어떻게 극단적이라고 생각할 수 있겠는가?

파키스탄계 노동당 하원의원 자라 설타나는 자신에게 여성혐오적, 인종차별적, 무슬림 혐오적 메시지가 쏟아져 들어온다고, 그중에는 "네 나라로 돌아가라"는 말도 있다고 이야기했다. "무슬림 여성 정치인들이 이런 것을 참고 견뎌야만 하는 상황이 계속되어선 안 된다"라고 그녀는 트윗했다. 〈이브닝 스탠더드〉는 BBC가 마샤 더코도바 노동당 하원의원을 동료 의원인 돈 버틀러라고 잘못 표기한 사건을 보도하면서 BBC가 흑인 여성 정치인 두 명을 구분 못 하는 것 같다는 사실을 강조했다.[3] 문제는 이 기사에서 〈이브닝 스탠더드〉 역시 또 다른 흑인 여성 의원인 벨 리베이로애디의 사진을 실었다는 점이었다. 리베이로애디는 이렇게 말했다. "이는 결국 우리에게 백인 동료들과 같은 구분과 존중을 받을 가치가 없음을 알려준다. 물론 실수는 있을 수 있지만 이것은 특이한 경험이 아니다. 흑인, 아시아인을 비롯한 소수인종 여성 의원들은 꽤 오랫동안 이런 일을 겪어왔다." 한편 다이앤 애벗은 "그 돼지 같은 년을 매달 수 있을 만큼 큰 나무만 찾으면" 그녀를 목매달겠다는, 여성혐오적인 경고와 인종차별적인 암시가 합쳐진 메시지로 자신이 겪는 괴롭힘을 소름 끼칠 만큼 자세히 묘사했다.[4]

이런 경험들이 보여주듯, 우리 사회에 존재하는 여러 형태의 구조적 불평등을 주제별, 편견의 '종류'별로 깔끔하게 나누기란 불가능하다. 억지로 그렇게 나눈다면 다양한 불평등이 교차적으로 드러나는 경우를 제대로 인식할 수 없을 뿐 아니라 우리가 철폐하려는 억압의 근원—마찬가지로 대개 교차적인—과 관련된 중요한 뉘앙스도 놓치게 된다.

경찰 조직과 사법제도 내에 구조적 인종차별이 만연하다는 사실은 인정하지 않은 채 구조적 여성혐오만을 언급하는 것은 흑인 여성들에게 무의미하다. 사회운동가들이 수십 년째 인종차별을 지적해왔지만, 구조적 여성혐오를 당연시하고 영속화하고 부인하는 바로 그 정치제도가 인종차별의 존재 또한 여전히 부인하고 있다.

2021년에 한 여자 경찰관은 〈가디언〉과의 인터뷰에서, 경찰 조직 내에 "허세"와 "유해한 남성성" 문화가 있고 그것이 "여성, 특히 흑인 여성의 물신화"에서 나타난다고 말했다.[5] 같은 해에 발표된 내무위원회 보고서에 따르면 경찰 조직은 여전히 백인 남성에 편중되어 있다.[6] 현재와 같은 속도로 변화한다면 경찰 조직 구성은 적어도 향후 20년간은 지역 주민의 인종 구성비와 일치하지 않을 텐데 20년 후는 1993년에 인종주의 때문에 살해당한 스티븐 로런스의 죽음으로부터 거의 반세기가 지난 시점이다. 또 흑인은 마약 사용률이 백인보다 낮음에도 불구하고 마약 소지 혐의로 몸수색을 당할 확률이 백인의 2.4배다. 2021년에 발표된 또 다른 보고서에 따르면[7] 그레이터맨체스터 경찰이 흑인에게 무력을 사용할 확률은 백인의 네 배였다. 정부 통계에 의하면[8] 흑인이 신체불심검문을 당할 확률은 백인의 아홉 배였다. 이미 2018년에도 UN 인권 전문가들이 "영국의 구조적 인종차별, 즉 아프리카계를 비롯한 소수민족에 대한 과잉 단속 및 범죄자화"에 심각한 우려를 표한 바 있다.[9]

여러 편견의 교차성을 지닌 여성들의 경우 구조적 불평등이 서로 뒤섞이면서 누적되고 파괴적 영향력이 심각하게 증폭된다.

흑인을 비롯한 소수인종 중심의 소규모 페미니스트 구호단체인 '자매들의 안전'의 책임자 산디아 샤마는 이민자 여성을 예로 들며, 이 여성들의 학대자가 "이들이 불법체류자라는 사실을 늘 학대의 수단으로 사용할 것"이라고 말한다.

> 특히 이민자 여성은 자신이 추방되거나, 유치장에 갇히거나, 아이들을 빼앗기고 고국으로 송환될까봐 두려워하기 때문에 학대자인 남편과 가정을 떠나는 것을 가로막는 또 하나의 끔찍한 장벽이 있는 셈이다. 그것이 핵심이다. 통역 등 그들에게 필요한 것이 많지만 거기까지 가지도 않는다. 이것이 최소한의 조건이기 때문이다. 게다가 공공기관의 도움을 받는 것도 불가능하다. 공적 지원금을 받을 수 없는 이민자 여성을 수용할 수 있는 쉼터는 거의 없다. 코로나 봉쇄령이 내려진 후 첫 석 달 동안 우리가 만난 여자들은 숙소 요청 1차 시도에서 모두 거절당했다. 그들이 처한 상황이 얼마나 냉혹한지 알 수 있다.

라틴아메리카 여성의 권리 보호소에서 여성 대상 폭력에 관한 정책 및 커뮤니케이션 조정관으로 일하는 엘리자

베스 히메네스야녜스는 구조적 불평등이 어떻게 학대자의 폭력에 공명하고 그것을 강화하는지 설명한다.

> 가해자는 "아무도 널 도와주지 않을 거야"라고 말한다. 그런데 피해자가 실제로 공공기관을 찾아가보면 정말로 도와주지 않는다. 사회복지과에 가도 도와주지 않는다. 경찰서에 가도 도와주지 않는다. 그것은 여성 피해자가 시스템과 상호작용을 나눌 때마다 강화되는 아주 일관된 메시지다.

박사과정에 재학 중이던 젊은 이민자 여성이 학자금대출을 받기 위해 은행에 갔다. 그런데 담당자가 "남자친구 있냐고 묻기" 시작하더니 자기가 좋아하는 체위를 이야기하고는 "데이트나 한번 하자"고 고집을 부렸다. 대출이 절실했던 그녀는 "그가 자신에게 가할 수 있는 다양한 층위의 불이익"을 고려할 때 감히 대거리하기에는 "순전한 공포"를 느꼈다. 그가 "비뚤어진 권력관계를 파렴치하게 남용했다"고 그녀는 말했다.

켜켜이 쌓인 제도적 불평등이 실생활에 미치는 악영향은 참담할 정도다. 이 시스템들은 여성을 비롯한 소수자 무리에게 불이익을 주고 억압할 뿐만 아니라 어떤 경우에는 (우연이든 아니든) 적극적으로 학대자를 돕기까지 한다. 피투성이가 될 때까지 학대자에게 폭행당해 심각한 두부 손상을 입은 여성이 있었다. 학대자는 시스템이 자신에게 부여한 권력과 안전에 취해 피해자를 직접 경찰서까지 데려다줬다. 그리고 이렇게 조롱했다. "자, 네가 직접 선택해. 경찰에 신고할래, 아니면 나랑 같이 집으로 돌아갈래?" 그녀는 너무나 겁에 질린 나머지 차마 경찰에 신고하지 못하고 가해자와 함께 집으로 돌아가는 편을 택했다.

마찬가지로, 문제를 구성하는 여러 요소 가운데 하나만 해결하려 하면 애초에 그런 편견을 증폭시킨 시스템이 외면하고 간과한 수많은 생존자를 저버리는 결과를 낳는다. 예를 들어 영국의 흑인 여성은 임신이나 출산 중에 사망할 확률이 백인의 네 배에 달하는데도 임신부를 위한 캠페인 자료에는 가장 적게 포함되어 있다.[10] 또 장애인 여성은 가정폭력을 경험할 확률이 비장애인 여성의 두 배이지만 쉼터를 찾기가 극도로 어렵다.[11] 영국 여성의 23퍼센트가 장애인임에도 불구하고 지체장애인을 위한 시설을 갖춘 쉼터는 열 군데 중 한 군데에 불과하기 때문이다. 그리고 이민자 여성은 그들의 체류 비자나 배우자 비자 신청이 학대자에게 달려 있는 경우가 많은데 공적 지원금을 받을 수 없기 때문에 구호단체의 도움을 얻기가 대단히 힘들다.[12]

이렇게 교차성을 가진 여성들은, 면구스럽게도, 그런 불의를 척결하기 위한 운동에서도 외면당하는 경우가 많다. 아이러니한 것은 여성운동에서 트랜스젠더 여성을 배제해야 한다는 일부 주장이 우리의 목록—우리가 평생 겪어온 성차별과 괴롭힘이라는 상호 연관적 경험들—을 근거로 한다는 사실이다. 그들의 주장은 이러하다. 트랜스젠더 여성은 시스젠더• 여성이 태어났을 때부터 직면하는 사회화, 성적 대상화, 괴롭힘과 차별의 융단폭격을 경험하면서 자라지 않았기 때문에 여성이 받는 억압을 진정으로 이해할 수도 없고, 경험한 적도 없다는 것이다. 그러나 이런 주장은 터무니없다. 어떤 두 여자의 경험도 완전히 똑같을 수는 없기 때문이다. 세상에는 계급, 인종, 순전한 운과 같은 타고난 특권에 의해 보호받아온 사람이 많은데 이들 역시 다른 여자들이 경험한 형태의 억압을 진정으로 이해할 수도, 경험해본 적도 없다. 하지만 그렇다고 해서 그런 여자들을 우리의 운동에서 배제하지는 않는다. 우리와 똑같은 억압을

• 타고난 생물학적 성별과 정신적 성별이 일치하는 사람.

경험해왔음을 증명하라고 요구하지도 않는다. 오직 트랜스젠더 여성에게만 요구할 뿐이다. 게다가 가장 중요한 점은 트랜스젠더 여성도 자기만의 목록을 갖고 있다는 사실이다. 물론 몇몇 경험은 시스젠더 여성의 경험과 약간 달라 보이기도 하지만—예를 들면 남성의 신체를 여성적으로 꾸미고 다니는 것에 대한 조롱 또는 트랜스젠더의 존재 자체를 무시하는 탈의실 '농담'이라는, 질식할 듯한 전형적인 환경—우리 모두에게 영향을 미치는 똑같은 제약에 의해 구축된 불행과 억압의 목록이라는 점은 부인할 수 없다. 그렇다, 겉모습은 약간 다르지만 우리 인생 또한 그렇지 않은가? 트랜스젠더 청소년들이 성 고정관념, 이분법, 억압에 상처받지 않는다고 주장하는 것은 분명 허튼소리다.

가장 충격적인 문제는 교차적인 불평등의 영향을 받는 사람들이 직면하는 괴롭힘의 규모를 우리가 정말로 알지 못한다는 것이다. 교차성을 가진 사람들은 주요 조사에서 제외될 때가 많고 그들의 경험은 공식 통계에 잡히지 않는다. 결국 그들은 더욱더 보이지 않게 되어 생존에 필수적인 도움을 받기 어려워진다. 예를 들면 잉글랜드와 웨일스의 강간 사건에 관한, 영국 통계청의 통계에는 장애인 그리고/또는 요양원의 노인들이 겪는 괴롭힘은 포함되지 않아

그들의 경험이 간과되기 쉽게 만든다.[13]

코로나 위기를 보도할 때 언론은 팬데믹이 여성 실직률과 소수인종 사망률에 훨씬 큰 영향을 미친다는 사실은 다뤘으나 그 두 가지가 교차하는 경우에 대해서는 거의 다루지 않았다. 그리고 그 밖의 복합적인 영향을 받는 경우에도 별로 주의를 기울이지 않았다. 예를 들면 팬데믹이 장애인 여성에게 미친 엄청난 영향에 대한 논의도 거의 없었는데 그들 중 다수는 도움, 돌봄, 필수품을 얻을 때 비장애인보다 큰 어려움을 겪은 동시에 더 오랜 기간 격리되는 이중고를 참았다.[14] 거기다 비장애인 여성들처럼 갑자기 급증한 가사와 육아까지 담당해야 했다. 장애아를 둔 어머니가 겪은 복잡한 문제들에 대해서도 거의 다뤄지지 않았다.[15] 교육 및 보건 분야의 도움이 대폭 감소함으로써 성 편향적으로 어머니에게만 부과되는 노동이 증가했다.

마찬가지로 가정폭력을 비롯한 여러 성 편향적 문제를 둘러싼 캠페인은, 페미니스트들의 운동조차, 늘 성소수자 여성들의 경험과 현실을 무시한다. 예를 들면 11월에 있는 영국의 '동일 임금의 날'•은 유색인 여성의 현실을 포착하

• 1년을 기준으로 남성이 며칠까지 일하면 여성의 연봉만큼 벌 수 있는지를 나타내는 날짜. 2022년에는 11월 20일이었다. 반대로 미국에서는 여성이 이듬해 며

지 못한다. 유색인 여성의 동일 임금의 날은 백인 여성보다 훨씬 이를 것이기 때문이다.

교차성은 우리가 지금까지 살펴본 구조적 불평등에도 있다.

그것은 환경운동단체 '멸종 저항'이 시위를 할 때 휠체어, 경사로나 장애인용 화장실 같은 도구나 시설을 압수 및 폐쇄함으로써 장애인의 시위 참가를 막는 경찰의 형태로 나타날 수도 있다.[16] 또는 가정폭력의 가해자에게 어떤 조치를 취하는 대신 피해자인 이민자 여성의 체류 자격을 조사하는 사법제도.[17] 또는 소수민족 여성이 강간당한 사건을 기소하거나 유죄판결을 받아낼 확률이 심각하게 낮은 검찰.[18]

또는 흑인을 비롯한 소수인종 여성이 가정폭력에 의해 살해당할 확률이 더 높은데도 재원 부족으로 인해 지난 10년간 소수인종 여성을 위한 쉼터의 50퍼센트가 문을 닫거나 다른 소유주에게 넘어간 사회.[19]

대단히 여성혐오적인 일련의 발언을 했을 뿐 아니라 아프리카 흑인들을 "수박 같은 미소"를 가진 "깜둥이 애새끼

칠까지 일해야 남성의 연봉만큼 벌 수 있는지를 나타내는 날짜로, 2023년에는 3월 14일이었다.

들"이라 지칭하고 영국의 아프리카 식민 지배에 대해서는 "문제는 한때 우리가 지배했었다는 게 아니라 더 이상 지배하지 않는다는 데 있다"라고 말한 총리가 이끄는 정부.[20] (이 모든 발언에 대해 그는 냉소적 표현이었다 내지는 앞뒤를 잘라서 이상하게 들리는 것이라고 주장했다.)

그런데 우리가 구조적 여성혐오의 패턴을 알아차리기 어렵듯이 우리 사회 또한 이런 연관성을 잘 알아보지 못한다. 우리는 여러 문제가 깔끔하게 구분되고 명확하게 정의될 거라 생각하고 싶어한다. 예를 들면 이달은 흑인 역사의 달이고 이날은 세계 여성의 날이라고 한다든지 오늘은 장애인에 대해 조사하고 내일은 성소수자에 대해 조사하는 식이다. 마치 이 집단들 간에 교집합이 없는 것처럼. 그것은 당신이 이성애자 백인 비장애인 시스젠더 중산층 남성을 '표준'으로 설정했을 때에만 자연스러운 추론이다.

다양한 시스템 간의, 다양한 권력 및 억압 형태 간의 교차성을 한번 인식하고 나면 한 분야의 억압을 제대로 해결하기 위해서는 그것이 다른 분야들과 중첩된다는 사실을 인식해야 함을 알 수 있다. 바꿔 말하면 성별을 기반으로 한 억압은 식민지지배 또는 원주민 억압 또는 기후 재난 또는 카스트제도 또는 해로운 종교적 근본주의 또는 가난 또는 기괴한 부의 양극화를 만들어내는 자본주의적 상업화와 분리될 수 없다. 에버조이스 윈이 지적했듯 "이러한 문제들 중 다수가 자본주의와 세계 거시경제 체제와 세계의 군사화에 의해 악화되어왔다."

자본주의와 가부장제는 성적 대상화 및 상품화를 통해 여성에게 수치를 줘서 무력화함으로써 사람들이 여성의 성적 대상화를 이용할 수 있도록 협력한다. 여자들이 대담하게 자기 자신의 섹슈얼리티에 대한 주도권을 가질 때 무슨 일이 일어나는지 봐라. 그로 인해 일어나는 분노와 백래시를 봐라. 그것이 바로 연관성이 드러나는 순간이다.

심지어 이런 교차성이 소름 끼칠 만큼 명백할 때조차—예를 들면 2021년 미국 애틀랜타에서 여섯 명의 아시아계 여성을 포함한 여덟 명을 학살한 젊은 백인 남자는 일종의 복수로 안마시술소를 공격함으로써 "유혹"을 제거하려 했다고 경찰에 말했다—우리는 연관성을 찾는 데 어려움을 겪는다. 한 신문은 애틀랜타 사건을 보도하면서 "(피해자들이) 인종 때문에 표적이 되었을 수도 있다는 우려"를 언급했다.[21] 한 경찰관은 범인의 동기가 "인종주의가 아니라 성중독"이었다고 언론매체에 말했다. 그러나 인종과 섹스 사이의 연관성을 지적한 매체는 거의 없었다.(이를 지적한 극소수의 칼럼니스트는 대부분 아시아계 미국인 여성이었다.) 이 사건을 보도한 백인 남성 기자 중에 아시아인 여성을 극도로 순종적인 성적 대상으로 보는 페티시즘과의 연관성을 찾은 사람은 거의 없었다. 물론 그 백인 남성 기자들은 살면서 편견의 교차성이라는 것을 한 번도 경험해보지 못했다.

즉 우리가 이런 연관성을 아예 발견조차 하지 못한다면 문제 해결은 한층 더 요원해질 것이다.

여자가 아니라 시스템을 고쳐라

이 책의 두 번째 퇴고와 세 번째 퇴고 사이에 서비나 네사가 죽었다. 그녀가 죽은 뒤에 지방의회는, 비록 지나가는 남자들을 붙잡고 여자를 공격하지 말라고 하지는 않았지만, 해당 지역에 거주하는 여성들에게 경보기 200개를 나눠 줬다.[1] 그리고 세 번째 퇴고와 교열 사이에는 보비앤 매클라우드가 살해당했다. 플리머스 시의회 의장(남자)은 곧바로 이렇게 말했다.[2] "우리 모두에게는 타협적 태도를 취하지 말아야 할 책임이 있다."

이 책이 출간될 때쯤에는 또 다른 여자의 이름이 있을 것이다. 또 다른 여자의 죽음이 있을 것이고 또 다른 남자가 그녀를 탓할 것이다. 그리고 우리는 또다시 똑같은 말을 반복하고 있을 것이다. 이것은 독립 사건이 아니다. 이래서는 안 된다.

그렇다면 우리가 어떻게 해야 이것을 고칠 수 있을까? 간단히 답하면, **우리가** 고치지는 않는다.

우리는 여자들에게 그들 자신의 뭔가를 고치는 법과 안전을 지키는 법을 알려주느라 수십 년을 허비했다. 하지만 그 방법은 효과가 없었다. 왜냐하면 애초에 여자가 문제가 아니었기 때문이다.

우리가 밤에 외출하는 여자들에게 요구하는 예방책을 남자들에게 요구할 경우 그들이 어떤 분노를 보일지 상상이 가는가? 출발하기 전에 당신의 예상 경로를 추적 앱에 입력해라. 당신이 경로를 이탈하면 혹시 시체를 처리하고 있는 건 아닌지 우리가 확인하러 갈 수 있게. 또는 약물 검사 도구를 제시해라. 당신이 여자에게 술을 사려면 그 술에 약을 타지 않았음을 증명해야 하니까. 또는 경보기를 가지고 다녀라. 당신 친구가 부적절한 행동을 하고 있는 것 같을 때 울릴 수 있도록. 또는 손 닿는 곳에 운동화를 둬라. 당신이 누군가를 공격하고 싶은 충동을 느낄 때 지나가던 버스를 불러 세워서 재빨리 그곳을 벗어날 수 있게.

모든 여자의 삶을 제약하는 조치는 세간에서 '상식'으

로 불린다. 그것은 여성이 공격당하지 않고 세상을 돌아다니는 사치를 누리기 위해 지불해야 하는 작은 대가다. 여자들은 밤에 혼자 다녀선 안 된다. 그것은 상식이다. 합리적인 예방책이다. 우리는 여자들을 추적해야 하고 그들이 언제 안전하게 집에 도착했는지를 알아야 한다. 물론 그들 자신을 위해서다.

그러나 농담으로라도 누군가가 남자들의 자유를 이만큼 포괄적으로 제한하는 조치를 제안한다면 #모든남자가다그런건아니다 집단이 길길이 날뛸 것이다. 그야말로 아비규환이 될 것이다. 남자한테 통금이라고? 농담이겠지! 우리의 공민적 자유에 대한 터무니없는 침해다! 그리고 남초 사이트들은 가장 냉소적인 제안까지도 반페미니즘을 부르짖기 위한 황금 같은 핑계로 바꾸어놓을 것이다. 여자들이 우리한테 재갈을 물리고 거세하려는 거 봤지? 그들은 남권을 전부 빼앗을 때까지 멈추지 않을 거야! 지금, 너무 늦기 전에 페미니즘과의 투쟁에 가세해!

하지만 그러면 여자의 자유는? 그것은 우리가 예방책 없이, 두려움 없이, 제2의 세라 에버라드나 서비나 네사가 될 위험을 감수하지 않고는 밤에 외출할 수 없음을 의미하는 비공식적 통금에 의해 효과적으로 축소된다. 그리고 우리를 강간하는 남자의 99퍼센트가 자유롭게 풀려날 때 우리의 삶이 더욱더 작게 축소되는 것은 또 어떠한가?

게다가 이 조치들의 어떤 버전은 가해자들에게 적용하면 실제로 효과가 있을지도 모른다는 사실은 어떤가? 피해자들이 공격당하는 순간에는 그들을 전혀 보호해주지 않을 추적 앱과 달리, 스토킹이나 가정폭력 전과가 있는 남자들의 움직임을 추적하는 앱은 정말로 여자들의 죽음을 예방할 수 있을지도 모른다. 그리고 사생활을 침해하는 데다 사건과 아무런 관련도 없는 강간 피해자의 휴대전화를 압수해서 들여다보는 대신, 경찰관들의 휴대전화를 무작위 선별 검사해서 웨인 커즌스와 그의 동료들처럼 여성혐오적이고 인종차별적인 농담을 주고받는 단톡방을 탐지하는 것은 어떤가?

여학생들의 치마가 남학생들의 정신을 산란하게 하고 남자 교사들을 불편하게 만들 수 있다는 이유로 여학생들이 교육받을 권리가 침해당할 때 문제는 소녀들의 무릎이 아니다.

남직원들이 어떤 여직원의 치마를 프로답지 못하고 점잖지 못하다고 생각해서 그 여직원이 승진에서 탈락했을 때 우리가 걱정해야 하는 것은 그녀의 옷이 아니다.

여자가 강간당한 사건에서 우리가 그녀를 공격한 남자의 행동 대신 피해자의 치마 길이를 탓할 때 정의는 깨어진다.

한 젊은 여성이 열여덟 살 생일 때 찍은 치마 속 사진을 찾겠다고 언론이 개떼처럼 그녀를 스토킹할 때 검토해봐야 할 것은 그녀의 선택이 아니다.[3]

문제는 치마가 아니다. 시스템이다.

우리가 인식해야 할, 단 하나의 중요한 사실은 다음과 같다. 시스템이 문제라면 시스템을 고쳐야 한다는 것. 우리에게는 구조 변화가 필요하다. 우리는 가부장적 구조와 거기에 깊이 스며든 불평등을 타파해야 한다. 시스템적 여성혐오, 인종차별, 장애인 차별, 연령 차별, 동성애 혐오, 계급 차별 등 우리 사회의 근간에 있는 억압들을 뿌리 뽑아야 한다. 우리는 여성 개개인에게 자신을 바꾸라고, 더 착해지라고, 더 얌전해지라고, 더 신중해지라고, 더 똑똑해지라고, 더 용감해지라고 말하면서 수백 년을 허비했다. 하지만 이 개별적인 해결책 중 어느 하나도 효과가 없었다. 왜냐하면 문제는 여자가 아니기 때문이다.

나는 6년간 강간, 성추행, 신체적 학대, 정신적 학대를 당했다. 왜냐하면 "나는 너한테 무슨 짓이든 해도 돼.

넌 내 아내니까."

경찰의 도움은 받지 못했다. 왜냐하면 "우리가 다룰 문제가 아니다", "두 사람 말이 다르지 않나. 누가 히스테릭한 여자의 말을 믿겠는가?"

법의 도움도 받지 못했다. 왜냐하면 "당신은 우리 수임료를 지불할 능력이 안 된다", "상대방은 비싼 변호사를 고용했다", "당신은 재판을 견디지 못할 것이다. 상대편이 당신을 산산조각 낼 것이다."

가족의 도움도 받지 못했다. 왜냐하면 "네가 과장하는 거겠지. 멍이 없지 않니", "아이한테서 안락한 가정과 좋은 아빠를 빼앗다니 너는 이기적이구나."

(옛) '친구들'의 도움도 받지 못했다. 왜냐하면 "네가 자초한 건지도 몰라. 네가 남편을 화나게 했겠지."

사회의 도움도 받지 못했다. 왜냐하면 "싱글 맘들은 보조금과 공짜 집을 얻으려고 임신하는 걸레들이다."

병원의 도움도 받지 못했다. 왜냐하면 "당신은 별것도 아닌 일로 수선을 피우고 있다."

의사의 도움도 받지 못했다. 왜냐하면 "**당신이** 우울해할 이유가 뭐가 있나?" "그만 울고 마음을 추슬러라."

피해자 구조단체인 '강간 위기'의 도움도 더 이상 받

지 못한다. 왜냐하면 "미안하다. 우리 예산이 삭감됐다."

세계의 여성혐오

이 구조적 차별은 어느 한 나라에만 한정되지 않는다. 그것은 오스트레일리아의 고참 소방관들[4]—소방관 경력 내내 참아온 시스템적 여성혐오, 성추행, 성희롱을 폭로한—에서부터 캐나다 기마경찰—어떤 행사가 끝나고 나서 집까지 태워다준다던 남자 동료에게 강간당한 경험을 일상 속 성차별 프로젝트에 올린—에 이르기까지 다양하다. 에콰도르에서는 한 경찰관이 상관들은 물론 동료들에게도 똑같이 괴롭힘을 당한다. 독일에서는 교통부가 교통안전 홍보물을 촬영한다면서 모델에게 자전거 헬멧과 속옷만 입힌다.[5] 내가 이 글을 쓰고 있을 때 중국에서는 고위 관리에게 성폭력을 당했다고 폭로한 프로 테니스선수 펑솨이가 흔적도 없이 사라진 것으로 보인다.

아프리카 여성 언론인들에 대한 조사에 따르면 그들 중 절반이 근무 중에 성희롱을 경험한 적이 있어 "건강한 미디어산업에 심각한 장애물"이 되고 있음을 알 수 있다.[6]

2021년에 스위스의 한 판사는 강간이 11분 동안밖에 지속되지 않았고 피해자가 심하게 다치지 않았다는 이유로 강간범의 형량을 줄여줬다.[7] 같은 해에 인도의 한 판사는 미성년자를 강간한 남자에게 피해자와 결혼해서 징역을 피하겠느냐고 물었다.[8] 2020년에 페루의 한 판사는 피해자가 빨간색 속옷을 입고 있었다는 이유로 강간범에게 무죄를 선고했다.[9] 왜냐하면 빨간색 속옷은 그녀가 섹스에 적극적이라는 사실을 보여주기 때문이다. 아프가니스탄에서는 탈레반이 정권을 잡고 나서 수천 명의 죄수를 석방하자 살인자들이 자신에게 유죄판결을 내린 여자 판사들을 추적했다.

전 세계적으로 법은 여전히 혼외정사로 여자를 처벌하고, 강간 사건의 증언을 (피해자 여성이 아닌) 남자에게 요구하며, 배우자의 성폭력을 용인하고, 여자가 운전하거나 남자 보호자 없이 여행하는 것을 금지하는 등 여성의 자유와 평등에 수없는 제약을 가한다. 수백만 명의 여자 아기가 페미사이드• 때문에 실종되고 강간은 전쟁 무기로 사용된다.

시스템적 연관성은 처음부터 늘 있었다. 단지 우리가 여성 개개인을 비난하느라 바빠서 보지 못할 뿐이다.

• 여자라는 이유로 살해당하는 것.

예를 들어 미국에서는 실험실에 전달되지 않은 채 전국 경찰서에 방치된 강간 검사 도구가 수십만 개인 것으로 추정된다.[10] 한 연구에 따르면 전체 가구의 10퍼센트가 가정폭력을 경험하는 반면에 경찰 가족의 경우 최대 40퍼센트가 가정폭력을 경험한다.[11] 그리고 강간 사건이 중죄로 유죄판결을 받을 확률은 1퍼센트가 채 안 된다.[12]

오스트레일리아에서는 최근 물밀듯이 터져 나오는 정계의 성희롱, 성추행, 강간 고발로 인해 권력을 가진 남자들이 자기 패거리를 보호하는 시스템이 여실히 드러났다. 장관에게 강간당했다는 고발, 국회의사당 안에서 강간당한 경험의 서술, 성차별적 문화—아마 남성 하원의원에게 성추행당하는 것이 포함된—에 대한 여성 하원의원의 묘사를 합치면 피해자가 무시당하고 묵살당하고 불신당하는 그림이 뚜렷하게 그려진다. 생존자들은 자신을 저버리고 침묵시킨 시스템을 언급하면서 '은폐 문화와 권력남용'에 대해 얘기해왔다. 그러나 국방부 장관처럼 강력한 권력을 가진 사람들이 강간 생존자를 "거짓말쟁이 암소"라고 부르는 상황에서 시스템에 도전하기란 어렵다. 그리고 물론 이런 일은 단독으로 일어나지 않는다. 그것은 훨씬 더 큰 그림의 일부다. 오스트레일리아에서 젊은 여성의 60퍼센트는 어떤 식으로든 성 불평등을 경험한 적이 있다. 또 오스트레일리아는 원주민 여성이 가정폭력 때문에 입원할 확률이 원주민이 아닌 여성의 서른다섯 배인 나라이기도 하다.[13] 그러나 이 교차성은 늘 그렇듯 자주 간과된다. 사실 식민지 역사—원주민 여성의 살해, 강간, 성적 괴롭힘을 용인했던 역사—에 여성 대상 폭력이 깊게 새겨져 있다는 것은 늘 지적되어왔다.[14] 그러나 여성의 안전을 개선하는 것이 목적이었던 정상회담이나 프로젝트는 캐나다 원주민 특유의 요구를 해결하지 못했다.

나라마다 상황은 약간씩 다르지만 가장 심각한 형태의 여성 대상 폭력과 괴롭힘을 성공적으로 예방한 나라는 단 한 곳도 없다. 시스템적 성 불평등이 과거가 되어버린 나라는 지구상에 없다. 그리고 무엇이 이 불평등을 지탱하는가는 영국에서나 남아프리카공화국, 인도, 캐나다, 러시아에서나 똑같다. 그것은 우리가 여성에게 부여하는 근본적 가치다. 우리가 여성에게 낮은 가치를 부여하면 나머지는 저절로 따라오게 되어 있다.

나는 리비아 벵가지 출신의 열아홉 살 소녀다. 요즘 페미니즘과 성차별에 대해 점점 더 많이 배울수록 내가 과거에 얼마나 부당한 대우를 받았는지가 점점 더 명확해지고 있다. 그때는 모두가 그것이 정상이라고, 괜찮다고 생각했다. 내가 거리에서 캣콜링을 처음 당하기 시작했을 때—아마 열세 살 때였을 것이다—어머니는 절대로 그 남자를 쳐다보거나 대꾸해서도 안 되고 그가 나를 만지려 해도 저항해선 안 된다고 말했다. 안 그랬다간 그가 화가 나서 나를 해칠 수도 있다고 했다…… 나는 일찍부터 몸매를 드러내지 말라고 배웠다. 내 바지가 "너무 꽉 짼다"며 아버지가 방으로 돌려보낼 때도 많았다. 나는 성적 대상이 되기 싫었으므로 내 몸을 혐오했다…… 숙부는 내가 희생하고 타협해야 한다고 말했다. 그것이 좋은 엄마가 가족을 위하는 길이기 때문이다. 숙부가 아기를 안고 있으면 숙모는 그가 자기 자식을 돌보는 것이 마치 그녀에게 은혜를 베푸는 일인 양 그에게 고맙다고 했다. 리비아에는 여러 부족이 있는데 이 '중요한' 부족 모임에 여자는 당연히 초대되지 않는다. 왜냐하면, 음, 여자이기 때문이다. 사촌 오빠는 만날 때마다 나를 무시한다. 이를테면 방 안의 모든 사람과 악수하면서 나는 모르는 척하는 식이다. 도대체 왜 그러는지는 모르겠지만 내가 남자였다면 안 그랬을 거라고 생각한다. 당신이 여자라면 당신은 자동으로 덜 중요한 사람이 된다. 고로 무시당하기 쉽다.

2019년 영국에서는 한 사업가가 전처에게 남자친구가 생겼다는 사실을 알고는 그녀를 장시간 폭행한 사건이 있었다. 헬스클럽 주차장에서 공격했는데 머리를 BMW에 어찌나 세게 내리쳤던지 차체가 찌그러졌을 정도였다. 그는 병원 치료가 필요한 상태였던 전처를 그대로 버려두고 갔다. 스톡포트 치안판사 재판소는 그의 폭행 혐의와 기물 손괴 혐의에 대해 모두 유죄판결을 내렸는데 전처에게는 150파운드(약 25만 원), BMW 소유주에게는 818파운드(약 137만 원)를 배상하라고 판결했다.[15]

텍사스주에서 2021년에 발효된 새로운 낙태법이 여성에게 허용하는 권리는 시체보다도 적다.[16] 주법에 따르면, 즉시 장기이식을 하지 않으면 죽는 아이가 있다 하더라도 살아 있을 때 장기기증에 동의하지 않은 사람의 장기를 적출해서는 안 된다. 그러나 같은 주에서 자신의 생식기에 대한 결정을 내리고 싶어하는 여자들에게는 똑같은 신체적 자율성이 주어지지 않는다. 낙태를 둘러싼 논쟁의 쟁점은 '태아를 완전한 인간으로 간주하느냐 아니냐'가 아니라 '여자를 완전한 인간으로 간주하느냐 아니냐'다.

에버조이스 윈이 말한다. "여자는 언제든 다른 여자로 대체될 수 있는 존재로 생각된다. 받아들이고 싶지 않아도 그것이 사실이다. 여성으로서 산다는 것은 매일 장애물경주를 뛰는 것과 같다. 우리의 적은 가부장제와 그에 수반되는 국가, 종교단체, 사회 같은 시스템인데 그것은 우리를 인간으로 보지 않는다."

윈은 이 사실이 우리 일생에 미치는 영향을 설명한다. 그녀가 함께 일했던 몇몇 아프리카 공동체의 전통에 따르면, 남자 아기가 태어났을 때는 '후계자가 태어났음을 알리는' 축포를 쏘지만 여자 아기가 태어나면 모두 침묵을 지킨다.(이 이야기를 듣고 나는 흉측한 금 장신구를 떠올린다.) "이런 일이 평생 반복된다"라고 그녀가 말한다.

그러니까 당신이 페미사이드에 이르렀을 때, 혹은 여권 발급을 거절당하고 남자 보호자 없이는 여행하지 못하는 데 이르렀을 때, 혹은 남편이 죽고 나서 당신이 여성이라는 이유만으로 재산을 뺏기는 데 이르렀을 때, 기타 등등, 기타 등등…… 그것은 당신이 의대 입학을 거부당한 짐바브웨대학교에서 갑자기 시작되지 않았다, 그렇지 않은가? 그것은 세 발의 축포에서 시작되었다. 그리고 당신이 인생을 살아가는 동안 그 길 위에는 계단이 있고 (집에도, 교회에도, 모스크에도, 나무 밑에도, 공동체에도) 의식과 의례와 메시지가 있다. 그것은 당신이 남자보다 덜 중요하다고, 남자의 성적 쾌락을 위해 존재한다고, 자식을 낳을 의무가 있다고 계속해서 말한다.

레일라 시라드 후세인 박사도 같은 말을 한다. "여자아이로 태어난 순간, 당신은 강간당할 위험, 차별당할 위험, 원하는 직업을 갖지 못할 위험, 남자와 같은 임금을 받지 못할 위험, 당신의 몸은 절대 완벽하지 않다는 말을 들을 위험에 처한다."

이건 정상이 아니야, 라고 우리는 반복해서 서로에게 말해야 한다. 서로에게 자기 이야기를 들려주고, 슬퍼하고 애도하고 화내고, 이것이 옳지 않다는 사실을 스스로에게 상기시켜야 한다. 우리 미래에 대한 가장 큰 위협은 우리가 겪은 괴롭힘과 억압이 아니라 그런 일이 없었다는 주장이기 때문이다.

모든 여자가 무력하고 상처 입고 웅크린 피해자라는 말이 아니다. 우리 중 다수, 아니, 대다수가 역경을 견디고 살

아님은 생존자라는 뜻이다. 영원한 피해의식에 빠지거나 포기하려고 이런 주장을 하는 것이 아니다. 오히려 그 반대다. 우리를 여기까지 끌고 온 힘과 용기와 회복력을 인정하고 상찬하고, 우리가 억지로 짊어져왔던 비난과 수치심으로부터 자신을 해방하고, 문제는 **우리**가 아님을 스스로에게 보여주기 위함이다.

나는 마침내 이 모든 것을 소리 내어 말하고 싶었다. 내 성장기를 줄곧 함께한 성차별이 삶을 형성한다는 사실을 인정하고 싶었다. 나는 내가 경험한 어떤 성차별도 신고할 만큼 나쁘다고 느낀 적이 없었고 그냥 '남자들이 다 그렇지'라고 생각했다. 이전까지는 한 번도 이 모든 사건을 서로 연결해본 적이 없었고 아주 최근에야 그것이 내게 미친 영향이 내 평생을 형성했음을 깨달았다.

우리 이야기를 공유하는 것에는 세상을 뒤흔드는 엄청난 힘이 있다. 내가 10년 전에 일상 속 성차별 프로젝트를 시작한 이래 그것이 가져온 변화는 이야기가 가진 힘을 증명한다. 교과과정에 내용 추가하기, 영국 교통경찰의 성폭력 접근법 바꾸기, 페이스북의 성폭력 콘텐츠 관련 정책을 바꾸는 데 기여했다. 이는 우리가 단체로 목소리를 높일 때 정말로 구체적인 진보를 가져올 수 있다는 증거다. 계속해서 나아갈 수 있도록 고무하는 힘이다.

해결책

물론 우리가 받은 억압을 지적하고 드러내는 것만으로는 충분치 않다. 해결책이 뭐냐고 사람들은 묻는다. 그리고 그 대답을 요구받는 것은 시스템적 억압을 경험한 사람일 경우가 많다. 나는 마법 같은 해답을 내놓지 못했다는 이유로 페미니즘 책을 조롱하는 리뷰를 수없이 봤다. 그 글들은 "미투운동이 정말로 바꾼 게 있기는 하냐?"라며 비웃는다. 마치 오랜 함구와 수치의 세월 끝에 엄청난 희생을 감수하고 자신이 받은 학대에 대해 용감하게 말한 여자들은 실패작이고 그들의 증언에 의해 문제가 기적적으로 해결되지 않는다면 미투운동이 쓸모없는 것처럼. 그러나 사람들에게 문제를 인정하라고 강요하는 것 자체가 해결 과정에서 아주 기본적이고 중요한 부분이다.

자신이 겪은 트라우마와 괴롭힘을 증언한 사람에게, 진

부하고 단순한 해결책까지 우리한테 갖다 바치라고 요구하는 것은 지나친 처사다. 요점은 권력과 문제가 시스템 안에, 거대한 사회구조와 정치제도 안에 있다는 것이다. 이 시스템을 어떻게 해체하고 재건해야 하는가에 대한 간단한 해답은 없다. 만약 있었다면, 만약 그것이 지저분하고 복잡하고 짜증 나지 않았다면 문제는 벌써 해결됐을 것이다.

그런데 공교롭게도 여자들과 억압받은 사람들은 수십 년 동안 해결책을 제시해왔다. 단지 귀 기울이는 이가 거의 없었을 뿐이다.

그중에서도 아주 명백한 해결책들이 있다. 너무 명쾌하고 증거를 기반으로 한 해결책이라 이것이 아직도 실행되지 않았다는 사실은 의지 결여의 증거일 수밖에 없다. 성폭력 및 가정폭력 피해자 구호단체만을 위한 안정적 재원. 지원의 지역 간 격차 철폐. 흑인을 비롯한 소수인종 여성에 의한, 그들을 위한 전문적 후원…….

학교에서 일어나는 성희롱과 여성혐오에 교사들이 더 잘 대처할 수 있게 하기 위한 훈련. 포르노가 전달하는 메시지와 교내의 해로운 강간 신화를 타파하기 위한 교육 프로그램. 모든 아이에게 성적 합의와 건강한 연인 관계에 대해 가르치기. 학교 당국이 교내 성폭력 사건의 추이를 의무적으로 추적하게 하는 보고제도…….

경찰 조직과 형법 제도에 만연한 구조적 여성혐오와 인종차별에 대한 조사. 강간 및 가정폭력 생존자들을 위한 법률구조와 지지. 경찰의 2차 가해를 막기 위한 의무 훈련. 사생활을 침해하고 트라우마를 남기는, 강간 피해자의 휴대전화 압수나 법정에서 피해자의 성적 과거를 본인에게 불리하게 사용하는 것 금지…….

모든 사업장, 단체, 학교가 성희롱 및 성폭력에 대한 명확한 피해자 중심 정책을 갖추도록 강제하는 법. 그 정책의 실행을 감시하는 독립기구. 성범죄 및 가정폭력 사건에 대한 보도지침. 규칙을 위반했을 때 실질적 조치를 내릴 권한을 가진 감시 기구…….

상원 전면 개혁. 국회의원의 다양성 증가를 위한 프로그램 및 정책 시행. 자녀가 있는 의원이나 여성 의원에게 국회를 적대적인 환경으로 만드는 구식 시스템의 대대적인 개편…….

여성혐오를 혐오범죄로 기록하기. 맞벌이 부모에게 실제로 도움이 되는 저렴한 보육 서비스. 사진이 보정됐다는 사실을 의무적으로 표기하기.

그러나 이는 수박 겉핥기에 불과하다.

세라 에버라드의 죽음 뒤에 그랬던 것처럼 대중의 관심이라는 변덕스러운 스포트라이트가 잠시 여성혐오와 여성 대상 폭력을 비출 때 사람들은 마치 실현 가능한 해결책이라는 것을 지금 처음 생각해본 것처럼 반응하는 경향이 있다. "우리가 뭔가를 생각해내겠다!"라고 외친 정부는 얼마 후 클럽에 사복경찰을 추가 배치한다는 기발한 계획을 갖고 나타난다. "우리는 이것을 최우선 과제로 삼을 것이다!" 라고 약속한 경찰은 여자들이 버스를 불러 세울 수 있는 방법에 대한 아이디어를 자신 있게 제시한다.

이 모든 것이 간과하는 사실은 해결책—이 문제의 복잡성과 교차성에 부합하는 실질적이고 야심적이고 시스템에 직접 작용하는—이 이미 존재한다는 것이다.

그것은 무시되고 사용되지 않은 채로 존재해왔다. 정계와 사회의 어마어마한 반대에도 불구하고 페미니스트 단체와 시민권 단체가 쥐꼬리만 한 예산으로 수십 년 동안 전문성을 가지고 고생고생해서 만든 보고서와 캠페인 자료 속에. 사슬의 각 고리를 위한 훌륭하고 명확한 해결책이 이미 존재한다. 그중 일부만 실천해도 좋은 시작이 될 것이다.

예를 들면, 강간 위기와 여성 정의 센터를 포함한 페미니스트 단체들이 작성한, 강간의 효과적인 비범죄화에 대한 상세한 보고서가 있다.[17] 여기에 담긴 제안은 균형적이고 자세하며 수십 년간 수집된 증거와 실제 여성들의 경험을 바탕으로 한다. 그 제안은 1) 검찰이 강간 사건에서 결정을 내리는 방식을 검토하라. 2) 경찰에 신고한 성폭력 생존자에게 특별훈련을 받은 경관을 배정하라. 3) 법정에서 피해자에게 반대신문할 때의 규칙을 검토하라. 4) 강간 사건을 배심원 재판으로 하는 것이 옳은지 조사하는 특별위원회를 발족하고 다른 접근법이 더 공정하지는 않은지 검토하라.

영국의 흑인 페미니스트 단체 임칸이 제시한, 여성혐오와 인종차별이 교차할 때의 해결책도 있다.[18] 1) 성희롱을 범죄화하는 새로운 법과 그것이 특정 소수인종을 표적으로 삼지 못하게끔 하는 뚜렷한 지침. 2) 성희롱을 비롯한 여러 여성 대상 폭력의 인종 편향적 경험에 대처하는 확실한 법적조치. 3) 피해자인 이민자 여성이 경찰에 신고했을 때 더 이상 이민국과 정보 공유하지 않기.

또한 스텝업 이민자 여성 연합은 이민자 여성을 어떻게 도와야 할 것인가에 대한 윤곽을 제시했고, '여성 수감자' 캠페인은 임신부 투옥을 중단하기 위해 싸우고 있으며, '이민자 여성을 돕는 여성들' 캠페인은 아무런 범죄도 저지르지 않은 성폭력 생존자임에도 몇 달 동안 갇혀 있곤 하는 이민자 여성들의 구금을 중단하기 위해 노력하고 있다. 그리고 페미니스트 자선단체 글리치는 사이버불링의 해결책을 제안했는데, 이를테면 대형 SNS 회사들에게 'IT 세금'을 부과해서 온라인 괴롭힘 방지 프로젝트의 재원으로 활용하는 것이다.

여성 예산단은 대안적 경제정책도 제안했다.[19] 사회적 돌봄 및 보육, 보건, 주택 정책에 투자하는 한편, 재정정책과 통화정책의 초점을 돌봄 경제 육성에 맞춤으로써 성평등을 고취하고 여성의 무급 노동 문제를 해결하는 것이다.

또 자선단체 '임신해서 망한'은 육아 위기를 해결하기 위한 방안을 제시했다. 노동유연성 확대. 모성 차별 피해자에게 기밀유지협약서 강요 금지. 조정 청구 기한 3개월에서 6개월로 연장. 부모 모두에게 법정 육아휴가 3개월 보장. 생후 6개월부터 저렴한 보육 서비스 제공. 생활보호 대상자에게도 보육시설 개방.

목록은 계속 이어진다…….

권력을 가진 자들이 이런 제안을 즉흥적이고 피상적이고 무지하다며 일축하는 대신, 이 보고서 중 하나를 집어 들어서 읽기만 했다면 정부는 필요한 모든 재원을 한순간에 가져올 수 있었다.

그러나 이 어려운 시스템적 문제를 어떻게 해결할 것인가에 관한 결정은 〈파이낸셜 타임스〉와 다음의 인터뷰를 한 하원의원 같은 남자들의 손에 달려 있다.[20] 이 의원은 아내가 풀타임으로 일해서 보육비가 필요하기 때문에 자신이 "부수입"(혹은 짭짤한 부업) 없이 정치인이 될 수 있는 방법은 없다고 말했다. 그렇다, 연봉 8만 2000파운드(약 1억 3700만 원)를 버는 그들이 보육비를 감당할 수 없다면 가난한 가족들은 훨씬 더 힘들 것이므로 시스템의 위기를 인정하고 자신의 권력을 이용해서 어떤 조치를 취하는 것이 아니라 아마 국회에 영향력을 행사하길 원하는 회사에서 편한 자리 하나 꿰차고 유권자들은 무시하는 편이 낫다고 진심으로 생각하는 남자들이 있다.

이 보고서들과 제안들은 섹시하지도 이목을 끌지도 않는다. 그것들은 복잡하고 때로는 지루하다. 그러나 그게 핵심이다. 경보기 200개나 새로운 CCTV 몇 개로는 이 문제를 해결할 수 없기 때문이다.

이 시스템적 변화는 투자를 필요로 하겠지만 그것은 엄청난 이득을 가져올 투자다. 매해 가정폭력이 초래하는 사회적, 경제적 손실은 영국에서만 660억 파운드(약 110조 원)

로 추산된다.[21] 그런데 어린아이들의 교육과 돌봄에 대한 투자는 두 배의 이익이 되어서 돌아온다.[22] 직원의 다양성이 높은 회사는 그렇지 않은 회사보다 훨씬 실적이 높다는 사실이 계속해서 증명되고 있다.[23] 여성에게 더 많은 권한과 경제적 독립성을 부여하면 경제가 극적으로 성장하는 것 외에도 여러 긍정적인 결과를 낳는다.[24]

그리고 설사 그렇지 않다 하더라도, 확실한 재정적 보상 없이도 여성을 인간으로 대하는 세상을 잠시나마 상상하면 안 될까? 재정적 이득을 가져오건 아니건 간에 여성 대상 폭력이라는 전 세계적 전염병이 돈을 써서라도 치료할 가치가 있는 것이라고 생각하면 안 될까?

이 해결책의 뼈대, 규모, 야심이 워낙 방대하고 상호 연관되어 있어서 상상만 해도 겁이 나지만 사실은 상상할 필요가 없다. 왜냐하면 이미 존재하기 때문이다. 비준만 하면 된다. 여성 대상 폭력에 관한 가장 포괄적이고 진보적인 법 중 하나인 이스탄불 협약은 가정폭력, 강간, 성추행, 여성 할례, 명예살인, 강제 결혼 사이의 연관성을 인정한다. 그리고 예방, 구호 서비스 제공, 효과적인 가해자 기소, 독립 기구에 의한 정부의 의무이행 감시가 포함된 공동 협력적 접근을 명한다. 영국 정부는 2012년에 이 협약에 조인했으나 그로부터 10년이 지난 후에도 여전히 비준을 미루고 있다. 어쩌면 협약 때문에 책임이 증가하는 것을 피하고 싶어서 그러는지도 모르겠다. 어쨌든 도구는 이미 존재하지만 그것을 사용하려는 정치적 의지가 없다.

심지어 정치적 의지가 있을 때, 문제 해결에 관한 논의가 있을 때조차 우리의 목표는 한심하기 그지없다. 드물게 정부가 자신들의 책임을 인정했을 때 장관들은 시스템적 결함이 수천 명의 생존자를 저버린 데 대해 "대단히 수치스럽다"며 피해자들에게 전적으로 사과했다. 그러나 정부가 문제 해결을 위해 도입하겠다고 약속한 "전면 개혁"은 기소율과 소환율을 "2016년 수준"으로 끌어올린다는 것이었다. 바꿔 말하면, 경찰에 강간을 신고한 여성 가운데 정의 구현을 보는 사람은 잘해도 열 명 중 한 명도 안 된다는 뜻이다. 이것이 우리가 목표로 해야 할 시스템처럼 들리지는 않는다. 그리고 이러한 선언 이후의 추이를 분석한 결과, 20년 후에도 그 목표는 달성되지 않을 것이라고 한다.[25] 변화를 향한 욕구는 거의 없다. 그리고 언젠가 찾아온다 하더라도 기다리는 동안 수백만 여성이 괴로워하도록 내버려둘 것이다.

게다가 사회적 태도와 문화적 규범도 있다. 대중 의식에 깊이 뿌리박힌, 당연시되는 여성혐오가 변화하지 않는 한, 효과를 발휘할 수 있는 법적 해결책은 없다. 물론 임신부 해고를 불법화할 수는 있지만 고용주의 32퍼센트만이 산모의 법적 권리가 타당하다고 믿고 25퍼센트 이상이 임신이 회사에 부당한 비용을 전가한다고 믿는 한, 그 법들은 절대 실제로 지켜지지 않을 것이다.[26] 여전히 아홉 명 중 한 명은 임신했다는 이유로 직장을 잃을 것이다.

리서치업체 유고브의 2018년 조사에 따르면,[27] 영국인의 3분의 1은 여자가 압박에 의해 섹스를 했어도 물리적 폭력이 없었다면 대부분 강간이 아니라고 생각한다. 영국 남성의 3분의 1은 여자가 데이트에서 추파를 던졌다면 명시적으로 섹스에 동의한 적이 없어도 대부분 강간이 아니라고 생각한다. 또한 영국 남성의 3분의 1은 섹스가 이미 시작된 뒤에는 여자가 마음을 바꿀 수 없다고 생각한다. 약 4분의 1은 오랜 연인 또는 부부 사이에서 합의하지 않은 섹스는 대부분 강간이 아니라고 생각한다. 그리고 40퍼센트는 여성의 동의 없이 콘돔을 빼는 것은 절대 혹은 대부분 강간이 아니라고 생각한다.

앤드리아 사이먼은 말한다. "개개인이 여성 대상 폭력을 완벽하게 피하기란 불가능하다. 따라서 젊은이들을 교육하고 해로운 성규범, 성차별, 여성혐오라는 근본 원인을 해결해야 한다. 그것은 우리가 지금 당장 할 수 있는 가장 중요한 일 중 하나다."

이 과제도 암담해 보이긴 하지만 불가능한 일은 아니다. 사람들의 생각을 바꾸는 것은 어렵지만 전에도 성공한 적이 있다. 2000~2010년에 영국 정부의 도로 안전 캠페인 "생각해보세요!"는 교통사고 사망자를 46퍼센트 감소시키는 결과를 낳았다. 1989~1994년에 정부의 절주 캠페인은 알코올 함량에 대한 국민의 이해도를 300퍼센트 증가시켰다. 2002~2009년에 대중매체의 금연 캠페인은 흡연율 13.5퍼센트 감소를 초래했다.[28] 즉 정부의 예산과 관심을 모두 투자할 용의가 있다면 극적인 결과를 얻을 수 있다. 행정명령에 따라 모든 학교에서 시행될 교육적 접근법—연인 관계와 성폭력에 대한 청소년들의 생각과 오해를 바로잡을 수 있는—의 잠재적 영향력을 고려하지 않았을 때도 그러하다.

그러나 권력을 가진 사람들과 기관들은 비용도 많이 들

고 해결하기도 어려운 문제를 책임지고 싶지 않을 때 개인의 선택 탓으로 돌리려 한다. 이것은 여자들에게만 일어나는 일이 아니다. 가난이나 기후변화를 생각해봐라.

사람들이 "개인의 선택"에 대해 이야기할 때 나는 리비 스콰이어의 어머니 리사 스콰이어를 생각한다. 사람들이 시스템적 성차별 같은 건 없다고, 여자들이 자기 앞가림을 더 잘해야 한다고 말할 때 그녀가 어떤 기분일지 생각한다. 리비가 강간 살해당한 해로부터 2년 후 리비의 여동생 베스는 밤에 외출했다가 약물이 든 주사기에 찔렸다. 자, 이제 리사에게 시스템은 문제가 없다고, 그냥 우연 혹은 독립 사건일 뿐이라고 말하는 것을 상상해봐라.

글로리아 스타이넘은 내게 "권력이 있는 곳에서 눈을 떼지 마라"라고 말했다. 그것은 내가 페미니스트에게서 들은 최고의 충고였다.

나는 무엇을 할 수 있는가?

당신이 이 책을 읽고 있는 여성이라면 아직도 "그런데 내가 뭘 할 수 있지?"라고 자문하고 있을 가능성이 높다.

이것이 우리가 치워야 할 똥이 아니라는 어마어마한 증거에도 불구하고 사회가 우리에게 남의 똥을 치우고 싶은 욕구를 단단히 심어줬기 때문이다. 그리고 생각을 행동에 옮기는 것에는 힘이 있다. 자신이 마주한 억압 앞에서 무력함을 느끼지 않는 것에도 마찬가지다. 따라서 우리가 제도적 변화를 위한 캠페인을 하는 동안, 권력자에게 책임을 묻는 동안, 성별에 상관없이 우리가 개인으로서 할 수 있는 일이 여전히 있다.

우선 자신의 목록을 만들어라. 자기가 경험한 일을 인정해라. 이 인정하는 행위는 아주 고통스러울 수도 있다고 소피 모트 박사는 말한다. 자신이 받은 억압의 심각성을 인정하는 것은 간단한 일도 쉬운 일도 아니다. 그 일은 힘들 것이다. 슬프거나 충격받거나 화나거나 상처받을 수도 있다. 그러나 그것은 중요하다. 수치심 또는 불신 또는 폭력 때문에 빼앗겼던 경험들을 포함한, 자기 경험의 소유권을 되찾아줄 것이기 때문이다. 그리고 이런 일들이 당신 잘못이 아님을 인정하게 해줄 것이다. 그 경험들이 남긴 유산이 당신의 삶을 형성한 방식을 느끼게 해줄 것이다.

그것은 우리가 생존 기제로서 수년간 스스로를 겹겹이 감싸왔던 부정否定이라는 외피를 한 겹 한 겹 벗기는 행위를 의미할 수도 있다. 그리고 그렇게 오랫동안 스스로를 감쌌던 패턴은 잘 보이지 않을 수도 있다.

모트는 자기 관리를 강조한다. "스스로에게 편안한 속도로 목록을 만들어라. 서두르지 마라. 버겁다고 느낄 때마다 휴식을 취해라…… 휴식, 스트레스 대처법 활용, 친한 친구들과의 대화가 마음을 진정하는 데 충분한 도움이 되지 않고 고통이 계속된다면 전문가의 도움을 받아라." 그녀는 이렇게 덧붙인다.

> 세상이 더 또렷하게 보이기 시작하면 버거울 수 있다. 예전에 부인했던 감정이 수면으로 떠오를 때도 그럴 수 있다. 그러나 적절한 도움을 통해 다시 안전함을 느끼게 되면…… 삶을 완전하게 인식하게 되면 세상은 긍정적인 것이 될 수 있다. 인생을 자동조종장치에 의존하는 것, 나에게 일어난 일 때문에 수치심을 느끼는 것을 멈출 수 있다. 무감각해지거나 위축되는 것을 멈출 수 있다. 중요한 것은 이러한 자각을 통해 더욱더 많은 사람이 영감을 얻어서 여성혐오를 비롯한 다양한 형태의 억압과 싸우는 데 목소리와 자원을 보탤 거라는 사실이다.

이런 집단행동은 강력하고 필수적이다. 에버조이스 윈에게, 놀랄 만큼 성공적이었던 여성운동가로서의 오랜 경력에서 무엇이 '효과가 있었냐'고 묻자 그녀는 "사회운동, 여성단체, 변화를 일으키기 위해 협력하는 사회정의 운동가들"의 중요성을 강조한다. 정책 수정과 세계 발전 목표는 유용하지만 진정한 변화를 만들어내기 위해 우리에게 필요한 힘의 극히 일부에 불과하다고 그녀는 말한다. "직접 방문과 면 대 면 대화를 대신할 수 있는 것은 없다."

그리고 다양한 부문을 망라해서 조직하는 것, 다양한 기술과 관심 분야를 가진 사회운동가들을 모으는 것의 중요성 또한 강조한다. "우리는 가부장제뿐만 아니라 백인우월주의나 자본주의를 비롯한 여러 형태의 억압과 착취에 대해서도 이야기하고 있다…… 이렇게 깊이 상호 연관된 다양한 것들을 어떻게 우리가 다 다룰 수 있겠는가?" 진보운동 내에서도 편협한 관점을 가질 위험이 있다고 그녀는 경고한다. 사람들, 특히 국제 개발 분야에서 일하는 백인들에게 식민주의적 폭력과 여성이 받는 억압 사이에 교집합이 있다는 사실을 인식시키는 것, 전 세계에서 나타나는 억압들 사이의 연관성을 깨닫게 만드는 것은 어렵다고 그녀는 말한다.

역사적으로 발전은 항상 북쪽이 남쪽을 '문명화하는 임무'로 정의되어왔다. 일방향이었다. 하지만 문제를 가진 사람들도, 우리가 고쳐야 하는 사람들도 남쪽이 아닌 '여기'에 있다. 그것이 수많은 비정부기관이 고생하는 이유다. 그들에게 "당신들은 유럽에서 일어나는 일에 대해 이야기해야 한다"라고 하면 그들은 "오, 그렇지 않다. 그러면 후원자를 전부 잃을 것이다…… 그들은 영국에서 일어나는 일에 대해 이야기하라고 우리에게 돈을 주는 것이 아니다. 우리는 국내 단체가 아니라 국제단체다"라고 대답한다. 그러나 우리는 우리 집 뒷마당에서 일어나고 있는 일을 인정할 필요가 있다.

수전 퀼리엄은 우리가 이런 대화를 나누는 것만으로 만들어내고 있는 엄청난 진보를 인식하라고 종용한다. "문제를 공개석상에 내놓았다는 점에서…… 우리는 수백만 년 전진했다. 그리고 앞으로 수백만 년을 더 가야 한다. 가야 할 길이 멀긴 하지만 이미 먼 길을 왔으므로 앞으로도 충분히 먼 길을 갈 수 있으리라는 희망이 보인다"라고 그녀는 나에게 말한다.

우리는 불편할지도 모를 대화를 나눌 준비를 해야 한다. 일상 속 성차별 프로젝트가 10년 전에 촉발한 대화는 많은 사람, 특히 자신이 받은 고통을 공유한 사람들과 그 고통에 대한 해명을 요구당한 사람들에게 불편한 것이었다. 절대 편한 일은 아니지만 우리는 어려운 대화를 할 준비를 해야 한다. 가장 중요한 것은 대화를 나눌 용기를 갖는 것이다.

그리고 윈은 반발을 두려워하지 말라고 말한다. "당신이 권력에 도전하는 일을 하고 있는데 아무런 저항도 없다면 당신이 하는 일이 정말로 효과적인지 자문해봐야 한다. 아무런 반발도 없다면 당신의 활동이 무효함을 알아야 한다. 내 생각에 당신은 제대로 도전하고 있지 않다." 그녀가 짓궂은 미소를 짓는다. "당신은 그들에게 듣기 좋은 소리만 하고 있는 것이다."

여기서도 해야 할 일, 특히 남자들이 해야 할 일이 있다. 가부장제 덕분에 남자들은 문제를 해결할 수 있는 권력을 가진 지위를 차지하고 있다. 그들은 여자들에게는 부여되지 않는 권위와 권력을 부여받는다. 그리고 뻔한 얘기를 하자면 그들이야말로 거의 모든 공격과 강간과 살인을 저지르는 장본인이다. 그런데 우리 사회가 그토록 오랫동안 그것이 여자들이 해결해야 할 문제라고 믿게 만들었다는 사실이 놀라울 따름이다.

태도 변화는 인식 향상 캠페인만으로도, 여자들의 노력으로도 얻을 수 없다. 젊은 세대 남자 전체가 온라인에서 여자는 징징대고 남자 싫어하는 괴물이라고 배우고, 페미니즘은 그들의 인생을 망치기 위해 만들어진 음모론이라고 세뇌당하는 동안은 말이다.

바로 여기서 남자들이 분연히 일어나야 한다. 친구와 함께. 아들과 함께. 직장에서. 탈의실에서. 술집에서. 경기장에서. 거리에서. 그것을 보았을 때. 누가 말했을 때. 그것을 들었을 때. 그것에 대해 아무도 뭐라고 하지 않는 상황이 힘들고 어색하고 불편할 때.

만약 그것에 대해 이야기하는 것이 힘들다면 그런 삶을 사는 것은 과연 어떨지 상상해봐라.

자식을 어떻게 키우느냐도 중요하다.

우리는 수백 년 동안 딸들에게 조용히 하라고, 얌전히 있으라고, 소란 피우지 말라고 가르쳤다. 그 결과, 이 열세 살 소녀가 본인이 성폭력 피해자인데도 사과하고 자책하는 모습을 봐라.

나 때문에 언짢아지는 사람이 부디 없길 바라지만 나는 지금 정말로 긴장해 있다. 어느 날 남자애들 무리가 나에게 자기들 자지를 빨아달라고 하더니 수업 후에 집까지 따라와서는 돌아가면서 내 가슴과 다리를 만졌다. 내가 그만하라고 하자 그들은 내가 다른 사람에게 말해 봤자 아무도 내 말을 믿지 않을 거라고 했다. 왜냐하면 나는 강간당하기엔 너무 못생겼기 때문이다. 나는 친구들 중에서 제일 못생기고 제일 뚱뚱해서 살을 빼려고 부단히 노력해왔다. 내가 누군가를 언짢게 했다면 죄송하다. 아, 그리고 나는 열세 살이다.

아들들에게는 반대로 가르쳐왔다. 강해지라고, 정복하라고, 여자를 통제하고 지배함으로써 남성성을 증명하라고.

나는 스물여덟 살 남자인데 내가 지금껏 얼마나 성차별적이었는지를 이제야 깨닫기 시작했다. 나는 평생 여자들을 성희롱하고 억압했고 심지어 폭행한 적도 있다. 예전 같았으면 내가 했던 행동들을 이렇게 정의하지 않았을 것이다. 나는 지금껏 사귀었던 어떤 여자친구도 나와 동등한 존재로 대한 적이 없다. 그들을 내 소유물로 보았다…… 그리고 솔직히 이게 정상이라고 믿었다. 자라면서 끊임없이 남자는 모든 면에서 여자보다 우월하고, 여자의 역할은 자식을 낳고 가정을 돌보는 것뿐이라고 들었던 것을 기억한다. 나는 지금 이 순간까지 거의 평생을 무의식적으로 아버지의 마음에 들려고, 나에게 전해져 내려온 가치관에 부합하려고, 여자들을 괄시하며 이용하려고 노력하면서 살아왔다.

이제 멈출 때다. 우리 딸들에게 너희는 누구에게도 사과할 필요 없고 아무것도 부끄러워할 필요 없다고 말할 때다. 우리 아들들이 시스템을 붕괴시키도록 키울 때다.

어쩌면 난생처음으로 이것이 현실이지만 용납할 수 없고 많은 경우에는 불법임을 깨닫는 것은 굉장히 강력할 수 있다. 그리고 우리는 더 이상 참을 필요도, 입을 다물 필요도 없다. 이것을 멈추는 것은 우리 책임이 아니다. 사회와 그 제도와 구조가 변해야 한다. 이 깨달음은 때로는 우리가 느끼는 바를 크게 변화시켜서 처음으로 자율권을 갖고 목소리를 높이거나 반박할 수 있을지도 모른다. 그러면 정말 큰 카타르시스를 느끼게 될 것이다.

나는 고등학교 졸업반 때 강간을 당한 뒤에 너무 두렵고 수치스러워서 아무에게도 말하지 못했다. 그 결과 약물에 중독됐고 한참 후에 외상후스트레스증후군이라는 진단을 받았다. 나는 거의 2년간 숨기고 있다가 중독을 치료하는 동안 엄마에게 도움을 청하면서 내가 겪은 일을 이야기했다. 엄마는 자신도 20대 초반에 강간을 당했으며 몇 년 뒤에야 외할머니에게 도움을 청했는데 외할머니도 그제야 자신도 성폭행을 당한 적이 있지만 이제껏 아무에게도 얘기한 적 없다고 고백하더라고 말했다…… 강간 생존자인 우리 가족 여자 3대는 셋 다 똑같은 이유로 그 일을 남들에게 알릴 수 없다고 생각했던 것이다. 나는 모든 여자가 어떤 식으로든 성차별을 경험한다고 생각한다. 여자들이 일상적인 성차별에 관한 불만을 속으로만 간직해야 한다는 생각은 성폭력 생존자들에게 수치심과 죄책감을 주는 문화와 남자들이 성폭력을 저지르고도 아무런 처벌도 받지 않게 하는 사회적 특권을 더욱 공고히 할 뿐이다. 우리가 여성으로서 가진 가장 중요한 무기는 우리의 목소리이며 경험을 공유함으로써 생겨나는 공동체는 우리가 생각하는 것보다 강하다.

두 번째 예인 예순 살 여성은 자신이 평생 겪은 성기노출 피해를 옛 일기장에서 찾아내어 총 열 번의 사례를 자세히 묘사했다. 그 일이 처음 일어났을 때 그녀는 학생이었는데 바다 여행을 가다가 공포로 얼어붙었다. 그로부터 40여 년이 지난 마지막 사건 때는 "나는 큰 소리로 똑똑히 그에게 말했다. 아무도 그의 쪼그만 좆을 보고 싶어하지 않는다고. 드디어 그 말을 입 밖에 냈을 때의 기분은 환상적이었다."

내가 이 책을 쓰기 위해 조사하는 동안 발견한 가장 가슴 아픈 통계는 아마 이 두 가지일 것이다. 여자가 정계에 투신하는 이유는 대부분 남에게 부탁을 받았기 때문이다.(여자는 75퍼센트, 남자는 54퍼센트였다.) 그리고 여자가 성폭력을 경찰에 신고하는 이유 1위는 그 일이 다른 사람에게도 일어나는 것을 막기 위해서다.

나는 오랫동안 그 일이 내 잘못이라고 생각했다. 그 날이 내게 트라우마를 남겼다는 사실도 알지 못했다. 나는 지나치게 빨리 철이 들었다. 남자친구를 사귀는 것이 무서웠고 그 남자애를 또 만나게 될까봐 두려웠다. 나에게 소원이 있다면 내가 그날 겪은 일을 다른 어느 누구도 겪지 않았으면 하는 것이다. 그 일이 사회에서 정상적인 행동으로 간주되고, 비슷하거나 더 나쁜 일이 다른 여자들에게 매일 일어난다고 생각하면 고통스럽다.

바꿔 말하면 우리는 다른 여자들을 보호하기 위해서만 행동을 취한다. 우리가 융단폭격을 받고 자란 메시지가 집단 내재화된 예로서 이보다 더 좋은 것이 어디 있겠는가? 수선 피우지 마. 넌 중요하지 않아. 대장처럼 굴지 마. 오버하지 마. 남들을 돌보는 게 네 역할이야. 시키는 대로 해. 착하게 굴어. 활짝 웃어야지.

물론 다음 세대가 이런 억압, 트라우마, 학대를 겪는 것을 우리가 막고 싶어하는 데는 아주 훌륭한 이유가 있다.

내가 서른일곱 살 때 어린 딸과 함께 버스에 앉아 있는데 나이 들고 술 취한 남자가 우리 쪽을 보면서 자위를 하기 시작했다. 그가 우리 둘 중 누구를 보고 자위를 했을지는 차마 생각조차 못하겠다. 그때 나는 내 딸의 삶이 이미 성폭력에 노출되기 시작했음을 깨달았다.

딸들을 보호하기 위해 싸우는 것은 고귀하고 자연스러

운 일이긴 하지만 우리 자신을 위해서도 싸우자. 시스템의 변화를 요구하고 개인에 대한 비난은 거부하자. 우리 자신을 위해. 우리 자신의 미래를 위해. 우리가 당연히 가져야 할 평화를 위해. 자유로울 권리를 위해.

2023년판 후기

2022년 7월, 이 책의 초판이 발간되고 채 두 달도 지나지 않았을 때 보리스 존슨 총리가 사임을 발표했다. 한 보수당 중견 의원은 원내 부대표 크리스 핀처가 회원제 클럽에서 성추행을 저질렀다는 고발이 있은 뒤에 총리가 "성폭력의 효과적인 은폐"를 계획했다고 주장했다. 존슨은 처음에는 핀처를 부대표로 지명할 때 이 같은 혐의를 몰랐다고 주장했지만 전직 외무부 고위 관료는 그가 실제로는 해당 사건에 대해 직접 브리핑을 받았다고 폭로했다. 존슨은 이번에는 그 이야기를 들었는데 잊어버렸다고 주장했지만 성난 여론이 가라앉지 않자 장관들은 배를 떠나기 시작했다. 많은 하원의원이 보수당은 그런 끔찍한 윤리 위반을 용인하지 않는다고 공개적으로 발언했다.

그리고 그로부터 채 넉 달이 지나기도 전에 리즈 트러스의 짧은 총리 재임 기간이 끝나자, 〈파이낸셜 타임스〉에 따르면, 방금 언급한 바로 그 하원의원 중 쉰두 명이 존슨이 총리로 돌아오는 것을 지지한다고 선언했다. 정치인들이 필요할 때만 성폭력에 신경 쓰는 척하고 필요 없을 때는 깡그리 잊어버린다는 증거가 있다면 바로 이것일 것이다.

이 책의 초판을 썼을 때 나는 우리가 바닥을 쳤다고 생각했다. 강간이 비범죄화되고, 경찰관은 성폭력과 살인을 저지르고, 교내 성폭력은 묵인되다니, 상황이 이보다 더 나빠질 수는 없을 것 같았다. 그래서 1년이 지나면 여성들의 항의와 경찰의 잘못된 관행에 대한 대중적 인식으로 인해 진정한 개혁을 볼 수 있을 거라고 예상했다. 그러나 실제로 1년이 지나고 보니 달라진 것은 거의 없는 듯하다.

물론 희망적인 순간도 있었다. 고등법원은 세라 에버라드의 야간 기도회에 대한 그레이터런던 경찰청의 대응이 불법이었다고 판시했다. 신임 청장은 경찰 조직 내부에 심각한 문제가 있음을 인정했다. 분노하고 각성한 여자들이 들고일어났다. 2022년 10월 영국 전역에서 열린 '엄마들의 행진'이라는 행사에서는 수천 명이 망가진 보육 제도에 대한 조치를 요구했다.

그러나 아무것도 달라지지 않은 듯한 분야도 너무 많다. 하원의원 쉰여섯 명이 성 비위로 조사받고 있다는, 충격적이지만 아무도 충격받지 않은 뉴스로부터 6개월 이상이 지났지만 그 뒤로 어떠한 소식도 결정도 들린 바 없어서, 다양한 성범죄를 저지른 혐의를 받는 남자들이 수백만 여자들의 삶에 영향을 미치는 법을 만들고 결정을 내리는 직위를 그대로 유지 중이다.(이 남자들이 취약한 유권자들과 계속 만나고 있음은 물론이다.) 육아에 대한 청사진은 전보다 더 암울해졌다. 우리는 선진국 중에서 가장 값비싼 보육 제도를 가진 나라라는 자랑스럽지 않은 명예를 얻게 되었다. 게다가 에너지비, 교통비, 식비와 주거비가 상승하고 있는데, 여성 예산단의 분석에 따르면, 이 생활비 위기는 성 편향적 영향을 미칠 것이다. 여자는 남자보다 임금이 낮아서 "생활비 상승에 대처할 준비가 덜 되어" 있기 때문이다. 또 이 보고서는 "2세 이하 아동의 양육비는 여성 평균 수입의 거의 절반을 차지한다…… 여자들은 대개 돌봄노동이라는 무급 노동을 떠맡기 때문에 재정적 유연성이 남자보다 떨어진다"라고 지적한다. 그리고 2022년 4월 말을 기준으로 이미 영국 여성 여든다섯 명이 남자에게 살해당했다.(또는 유력한 용의자가 남성이다.) 거기에 추가로 사망 사건 열여섯 건이 확정을 기다리고 있다.

나는 그들의 죽음을 알리고 추모하기 위해서, 우리가 지켜보고 있다는 사실을 보여주기 위해서 이 새로운 장을 썼다. 이 잔악무도한 일들은 기록되고 있다. 우리는 성 편향적 폭력 및 불공평의 심각성과 일상화에 너무 무감각해진 나머지 그것을 더 이상 알아차리지 못하게 되어서는 안 된다. 경찰이 조사를 몇 달에서 몇 년씩 질질 끌고 아무런 조치도 취하지 않을 때 그 사실을 아무도 모른다고 권력자들이 믿게끔 내버려둬서는 안 된다. 이런 문제들과 그 지지부진함을 증언하고, 밝히고, 항의해야 한다. 우리가 알아차리지 않는다면 구조적 여성혐오가 계속 번성할 것이기 때문이다.

이런 일이 정계에서는 일상이라는 추가 증거를 제공하기 위해 리시 수낵 총리는 개빈 윌리엄슨이 여성 하원의원 웬디 모턴을 괴롭힌다는 사실을 들은 다음 날 윌리엄슨을 정무장관에 임명했다.(수낵은 "다툼이 있다는 것은 알았"지만 "윌리엄슨이 보낸 문자메시지의 내용"은 알지 못했다고 주장했다. 윌리엄슨은 모턴에게 "모든 일에는 대가가 있다"라는 협박성 메시지를 보냈다.)

트러스의 단명 내각은 '여성 평등부'에서 '여성'을 빼버린 다음 장관직을 남성에게 줬고 수낵은 아마 상황을 더 악화시킬 수 있는 유일한 방법으로 그 기조를 따랐다. 성평등 정책에 대한 모든 권한을 새로운 여성 담당 차관인 마리아 콜필드에게 넘겨준 것이다. 콜필드는 과거 초당적 낙태 반대 단체의 회원이었으며, 북아일랜드에서 낙태 합법화에 반대표를 던졌고, 낙태 허용 기간을 단축하자고 제안했으며, 낙태 시술소 밖에 '완충지대'•를 설치하는 것에 반대했다. (남자가) 지속적으로 여성의 권리를 제한하는 쪽에 표를 던져온 여자를 정부에서 가장 큰 권력을 가진 직위 중 하나인, 여성의 권리를 결정하는 자리로 승진시킨 것은 정치제도의 중심에 여성혐오가 존재한다는 명백한 증거다.

그러나 이 책의 초판 원고를 완성한 후의 짧은 기간 동안 성차별이 흉측한 고개를 쳐든 분야는 정치만이 아니었다. 새로운 연구 결과들은 여학생이 학교에서 직면하는 성희롱과 괴롭힘이 얼마나 뿌리 깊은 영향을 미치는지 보여준다. 걸가이딩••의 대규모 조사에 따르면 11~16세 여학생

• 낙태 시술소 반경 150미터까지는 법으로 정해진 완충지대로, 낙태 반대주의자들이 접근할 수 없다.

•• 걸스카우트와 비슷한 영국의 단체.

의 약 5분의 1은 학교가 위험하다고 느꼈고, 영국 북부 여학생의 5분의 1 이상은 성희롱 때문에 학업성취도가 떨어진다고 말했다. 또 성소수자 여학생의 약 5분의 2는 성 고정관념에 불만을 표시했으며, 유색인 여학생은 백인 여학생보다 학교에서 더 위험하다고 느끼는 것으로 나타났다.

그러나 2022년의 끔찍한 '학생 Q' 사건 이후에는 이 연구 결과도 놀랍지 않았다. 런던 동부의 학교에 다니는 열다섯 살 흑인 여학생 Q는 대마초 소지 혐의로 알몸 수색을 당했다.(혐의는 사실이 아니었다.) 문제는 그녀의 부모에게 아무런 연락도 없이, Q가 생리 중임을 아는 상태에서, 경찰 이외의 어른은 아무도 동석하지 않은 상태로 수색이 이루어졌다는 것이다. 그녀는 속옷까지 다 벗어야 했고 심지어 생리대까지 제거하라는 명령을 받았다.

IOPC는 해당 사건에 대한 수사가 진행 중이며 그레이터런던 경찰청 소속의 경관 네 명에게 심각한 직권남용 혐의를 통보한 상태라고 밝혔다. 지역 아동보호 실태 보고서는 이 알몸 수색이 부당했으며, 일어나지 말았어야 했고, 인종차별이 "영향을 준 요소였을 가능성이 높다"고 결론지었다.

신임 청장 마크 롤리는 경찰 내의 인종차별과 여성혐오

에 대해 강경하게 발언했다. "아무것도 하지 않는 지도자는 범인과 똑같이 책임이 있다…… 우리는 상황을 개선하기 위해 노력할 것이며, 일말의 자비도 베풀지 않을 것이고, 이런 자들을 완전히 뿌리 뽑을 것이다." 그는 그레이터런던 경찰청에 인종차별적이고 여성혐오적이고 부패하고 "방출되어야 마땅한" 경관 수백 명이 있음을 인정했다.

기백은 훌륭하지만 그의 열변이 말만으로 그치지 않기 위해서는 넘어야 할 산이 엄청나다. 우선 그의 발언이 있기 직전에 법정에서는 세라 에버라드의 살인범이 포함된 왓츠앱 대화방에서 그레이터런던 경찰청 소속 경관들이 나눈 메시지가 공개되었다. 한 경관은 여자 동료를 "앙큼한 년"이라고 부르면서 그녀를 "강간하고 두들겨 패겠다"고 말했다. 또 다른 경관은 근무 중에 열다섯 살 소녀를 바닥에 찍어 누르고 '발버둥 파고들기'•를 했다는 농담을 했다. 가정폭력 피해자를 두고 한 성적인 농담도 있었다. "(가정폭력) 피해자들은 좋아한다…… 그래서 계속 머무는 것이다." 그러자 다른 한 명이 대꾸했다. "아니다, 그냥 남의 말을 안 들어서 그런 거다!"

• 경찰이 여성 용의자를 제압하는 척하면서 부적절한 신체 접촉을 하는 것.

2023년 3월에 발표된, 그레이터런던 경찰청의 문화와 관행에 대한 루이즈 케이시 상원의원의 보고서는 "혐오스러운" 인물들이 계속해서 현장에서 근무하도록 허용하는 시스템 문제를 찾아냈다. 경찰청 직원이나 직원의 가족이 범법 행위를 신고했을 때 '사건성 없음'이나 '근거 없음'이라는 판정—해당 범죄가 일어난 적이 없거나 일어났음을 증명할 수 없다는 뜻—을 받는 비율은 55~60퍼센트로, 전국 평균보다 높았다. 그중에서도 성 비위와 관련된 혐의는 '사건성 있음'으로 판명될 가능성이 더욱 낮았다. 특수대가 아닌 일반 팀에 소속된 여성 경찰관들을 조사했더니 거의 절반이 지난 6개월 동안 성차별이나 여성혐오를 경험한 적이 있다고 말했다. 또한 이 보고서는 경찰에 의한 위법행위에 존재하는 패턴이 자주 간과된다고 밝혔다. 열한 개의 위법행위 사례를 분석한 연구에 따르면 그 패턴에는 성희롱, 성추행, 성차별, 권력남용이 있었다. "그레이터런던 경찰청의 많은 경찰관과 직원은…… 차별적 행동이 업계 기준으로는 규정 위반이 아니며 '뭐든 해도 된다'에 포함되는 일이라고 결론짓는다."

2022년 11월에 발표된 경찰 감사 기구 HMICFRS의 보고서는 경찰 간부들의 허술한 심사와 실책이 수천 명의 잠재적 "가해자"가 경찰에 들어오고 또 해고되지 않게 하는 문화의 원인이라고 결론지었다. 이 보고서에 따르면 여자 경찰관들에 대한 집단 성희롱이나 성추행 같은 범죄들이 은폐, 묵과되었고 일반 시민들도 일상적으로 성희롱을 당했다. 경찰관들이 "엉덩이 단속"이라 부르는, 거리에서 여자들을 불심검문하는 것이 그 한 예다. 그 밖에도 경찰관들은 근무 중에 포르노를 보거나 피해자들에 대한 여성혐오적 발언을 하기도 했지만 그런 행동에 대한 대가를 치르지 않을 때가 많았다. 민원이 들어온 적이 있는 경찰관도 자유롭게 전근을 다녔고 전과가 있는 자가 경찰로 채용되기도 했다.

이 보고서는 같은 해 8월에 있었던 사건에서 아주 세세하게 현실화되었다. 2014년에 현직 경관이 성추행 피해자에게 부적절한 행위를 한 혐의로 징계 청문회가 열렸던 것이다. 해당 여성은 순찰 중이던 경관에게 다가가서 자신이 술집에서 당한 성추행을 신고하고 싶다고 말했다. 그러자 그는 증인 진술을 받아야 한다며 피해자를 자기 차로 데려가더니 "당신은 나를 흥분시킨다…… 내 몸이 달아올랐다"라며 그녀를 자기 집에 데려가서 수갑으로 침대에 묶고 싶다고 말했다. 이 사건에서 가장 우려스러운 부분은 8년이 지난 지금까지도 이 경찰관이 서식스 경찰에서 근무 중이며 이제야 심각한 직권남용으로 처분을 기다리고 있다는 사실일 것이다.

그러나 시스템적 여성혐오로 급부상하고 있는 곳은 잉글랜드만이 아니다. 2022년 10월, 전직 경찰관 제마 맥레이는 스코틀랜드 경찰이 입으로는 성차별과 여성혐오를 타파하겠다고 말하면서 실제로는 "은폐하려 한다"고 폭로했다. 맥레이가 2018년에 성추행으로 고발한 동료는 정년퇴직할 때까지 계속 경찰에 머물렀다. 그녀가 (역시 경찰관인) 전 남자친구를 가정폭력으로 신고한 이후 괴롭힘으로 고발한 경찰관 다섯 명에게도 아무런 조치도 취해지지 않았다.

맥레이의 발언이 있기 일주일 전에는 스코틀랜드 경찰 소속 경찰관이 동료를 강간한 혐의로 조사받고 있다는 사실이 밝혀졌다. 그리고 5월에는 스코틀랜드 경찰이 전직 경찰관 로나 멀론에게 약 100만 파운드(약 17억 원)를 배상했다. 멀론이 엘리트 무장 기동대의 "끔찍한" 남탕 문화의 피해자였다고 조정위원회가 판단했기 때문이다. 스코틀랜드 경찰은 멀론에게, 비밀유지확약서에 서명하면 합의금을 주겠다고 제안하기도 했다. 그녀는 〈가디언〉과의 인터뷰에서 이렇게 말했다. "초점은 늘 '피해자가 무엇을 필요로 하는가'보다 '어떻게 이 일을 묻을 것인가'에 맞춰져 있었다. 나는 스코틀랜드 경찰이 이 문화를 바꿀 수단도, 능력도, 의지도 갖고 있지 않다고 생각한다."

형법 체제에서 주목할 만한 사건들과 시스템 결함도 이 책이 출간된 이후에 계속해서 나타났다. 2022년 10월에는 한 남자가 종신 접근금지명령을 여섯 번째 위반한 혐의에 대해 유죄를 선고받았다. 한 여성을 19년 동안 스토킹한 그는 클레어 왁스먼의 직장과 집에 나타났고, 왁스먼의 자녀가 다니는 어린이집을 견학하러 온 학부모 행세를 했으며, 왁스먼에 대한 허위 민원으로 그녀에게 외상후스트레스증후군을 안겨주었다. 가해자는 16개월 형을 선고받았지만 재판을 기다리는 동안 구치소에 수감되어 있던 기간이 형기에 산입되었기 때문에 즉시 석방되었다. 런던시 피해자 구제 담당관인 왁스먼은 이 결과를 "모욕"이라고 명명했다.

같은 달에 북아일랜드의 한 판사는 데이트 사이트에서 만난 여성을 성폭행한 가해자에게 다 잊고 새 출발 하라고, "결혼할 만한 상대"를 찾으라고 격려했다. 던개넌 법원에서 진행된 재판 과정에서 판사는 여전히 충격에 빠져 있는 피해자를 보았고, 증인으로 나온 경찰관들은 가해자가 "여성들에게 위험한" 인물이며 예순일곱 번이나 범죄를 저질렀다고 말했다. 그의 어머니와 할머니가 포함된 여성 여덟 명에 대한 피해자보호명령도 내려져 있었다. 그런데도 판사는 판결을 내릴 때 가해자에게 신붓감을 찾으라고 격려하며 "내가 내릴 수 있는 최대한 가벼운 형을 내렸다"라고 덧붙였다. 훗날 수석 재판관 시오반 키건은 이 사건이 야기한 "우려가 타당함"을 인정했고 "이런 문제를 해결하기 위해" 판사들이 "지도와 훈련"을 받을 것이라고 말했다.

시스템이 생존자들을 저버리고 있다는 추가적 증거로, 2022년 5월에 검찰은 검사가 강간 피해자의 사적인 심리 치료 기록을 열람하고 법정에서 피해자의 "신뢰도를 떨어뜨리"는 데 사용할 가능성을 대폭 높이는 새로운 지침을 발표했다. 그런 기록은 예전에는 범죄 수사 과정에서만, 특히 그것이 공소사실에 반反하거나 피고 측 주장을 뒷받침한다고 믿을 만한 근거가 있을 때에만 열람이 가능했으나 새로운 지침은 그 기준을 상당히 낮춰서 사건과 "연관"됐을 가능성이 있으면 반드시 확보하라고 권고한다. 생존자들의 치료 기록이 법정에서 일상적으로 본인에게 불리하게 사용될 위험은, 안 그래도 이미 피해자의 신뢰도와 행동이 끊임없이 공격받고 훼손되고 있는 시스템 내에서 충격적인 변화다. 이 조치는 법정 밖의 생존자들에게까지도 부정적인 영향을 미칠 수 있다고 자선단체들은 경고한다. 강간 피해자들이 나중에 자기가 경찰에 신고하기로 마음먹었을 때 치료 기록이 자신에게 불리하게 사용될지도 모른다는 두려움 때문에 피해자의 생사를 좌우할 수도 있는 중요한 상담을 피할 거라는 것이다. 늘 과부하가 걸려 있고 느려터진 형법 제도를 조금이라도 경험해본 사람이라면—생존자들은 몇 년씩 기다려야 자기 사건이 진전되는 것을 볼 수 있는 경우가 많다—이런 잠재적 결과가 피해자의 삶에 얼마나 끔찍한 영향을 미칠지 짐작할 것이다.

정치제도와 사법제도가 여성들의 삶을 여성혐오적인 방식으로 통제하는 데 사용될 수 있다는 증거는 더욱 비정상적이고 끔찍한 변화들에서 계속 발견된다. 아프가니스탄에서는 탈레반이 열한 살이 넘은 소녀들이 다니는 학교를 폐쇄했고, 여자들이 공원이나 축제나 체육관에 가는 것을 금지했으며, 히잡이나 부르카를 착용하지 않은 채 집을 나서거나 남자 보호자 없이 여행하지 말라고 명령했다. 이란에서는 마흐사 아미니, 사리나 에스마일자데, 니카 샤카라미 같은 어린 여성들이 자신의 자유권을 주장했다는 이유로 공권력에 살해당하고 있으며 이들이 “지병”이나 그 밖의 엉터리 이유로 죽었다고 보도하는 일부 언론은 이 참사의 공모자다. 우크라이나에서는 러시아 군인들이 우크라이나 민간인들을 상대로 강간과 성폭력을 전쟁 무기로 사용하는 체계적인 패턴이 발견됐다고 UN 파견단은 기록했다. 그리고 미국에서는 대법원이 ‘로 대 웨이드’ 판결을 뒤집음으로써 연방헌법이 보장하는 낙태권을 폐지해 전국 여러 주에서 낙태 금지 물결이 일어났고 이는 여성의 권리와 건강에 끔찍한 영향을 끼치고 있다.

거의 모든 경우에 임신중절을 불법으로 규정하는 완전 금지법은 현재 열세 개 주에서 시행 중이다. 웨스트버지니아주, 미시시피주, 루이지애나주를 포함한 몇몇 주에는 낙태 시술소가 단 한 군데도 없다. 몇몇 낙태 금지 법안에는 의학적 응급 상황에서 낙태술을 시행해도 되는 경우가 언제인지 제대로 명시되어 있지 않아 여성들이 끔찍한 경험을 하게 만들고 있다. 2022년 10월, 미주리주의 한 여성은 임신 18주에 양수가 터지고 출혈과 복통이 이어졌다. 의사는 임신이 더 이상 지속될 수 없으며 심각한 감염 위험이 있다고 말했다. 그러나 미주리주 법은 모든 임신중절을 금지하기 때문에 그 의사는 그녀에게 필요한 처치를 해줄 수 없었다. 결국 그녀는 시술을 받기 위해 다른 주까지 가야 했다. 루이지애나주의 한 여성은 태아에게 두개골이 없어서 살아 있을 리 없음을 알게 된 뒤에도 6주 동안이나 더 임신을 유지해야 했다. 2022년 8월, 텍사스주의 한 여성은 임신 지속 불능 진단을 받고 "온몸이 마비되는 듯한 통증"을 느꼈으나 치료를 거부당했다. 임신중절을 해도 될 정도로 목숨이 충분히 '위태로워질' 때까지 사흘을 더 기다린 결과, 그녀는 패혈증이 생겨서 곧장 중환자실로 이송되었다. 위스콘신주에서는 한 여성이 불완전 유산을 했으나 응급실에서 남은 태아 조직 제거를 거부한 탓에 열흘 넘게 하혈을 해야 했다. 텍사스주의 한 의사는 상사로부터 난관이 파열돼서 임신부의 목숨이 위태로워질 때까지 자궁외임신을 치료하지 말라는 지시를 받았다. 자궁외임신을 한 어느 여성은 치료를 받기 위해 다른 주로 가야 했다.

재생산권 센터 뉴욕 지부의 수석 법률고문 제너비브 스콧은 〈LA 타임스〉에 이렇게 말했다. "미주리주 법에 따르면 임신중절을 시술한 의료인은 기소돼서 면허를 잃을 수도 있기 때문에 의학적 응급 상황에서 환자를 치료하는 데 엄청난 장애물이 있는 셈이다. 그 법은 확실히 해당 주에 거주하는 모든 임신부의 건강과 생명을 위협한다."

낙태법의 변화는 이렇게 여성의 건강을 즉각적인 위험에 처하게 하는 동시에 여자들의 삶과 생계에 수많은 위협을 가한다. 예를 들어 오하이오주에서 강간당해 임신한 10세 소녀 같은 미성년자들은 임신중절을 받기 위해 주 경계선을 넘어 멀리까지 여행해야 한다. 또 성인 여성들은 유급 출산휴가도 보장하지 않고, 무상의료를 제공하는 국민건강보험도 없고, 포괄적 성교육도 거의 존재하지 않는 나라에서 원치 않는 임신과 출산을 하다가 인생이 파탄 난다. 학자들과 운동가들은 여권의 퇴보가 불법체류자, 저소득자, 유색인처럼 사회적으로 주변화된 사람들에게 상대적으로 큰 영향을 미칠 것이라고 거듭 경고해왔다. 게다가 낙태 금지법은 어떤 이유로든 임신을 지속하지 않기로 결심한 여자를 신체적으로 구속하고 이등 시민으로 강등한다. 낙태에 관한 '논쟁'의 초점이 어떤 세포 덩어리를 인간으로 간주하느냐 마느냐였던 적은 한 번도 없다. 실제로는 매번, 여성을 인간으로 간주하느냐 마느냐였다. 현재 그 질문에 대한 대답은 확실히 '아니다'인 듯하다.

2022년 4월 24일 〈메일 온 선데이〉 기사가 명확히 보여주듯이, 몇몇 주요 언론매체는 우리 정치제도와 사법제도의 여성혐오를 정당화하고 증폭해왔다. 지면을 가득 채운 그 기사는 노동당 부대표 앤절라 레이너의 사진과 〈원초적 본능〉 속 샤론 스톤의 이미지를 함께 보여주면서 레이너 부대표가 총리 질의응답시간에 일부러 다리를 꼬았다 풀었다 해서 당시 총리였던 보리스 존슨의 "주의를 흩뜨렸다"는 보수당 의원들의 말을 인용했다. 이 발언은 1945년에 바버라 캐슬 하원의원이 국회에 입성했을 때 들었던 중상모략과 소름 끼칠 만큼 똑같다. 당시 한 장관은 "그녀가 엉덩이만 좀 흔들면" 해럴드 윌슨 총리를 "마음대로 조종할 수 있다"고 말했다.

지난 77년간 정계의 성차별이 거의 달라진 바가 없는데다 이렇게 노골적이고 여성혐오적인 괴롭힘이 전국지에 의해 공적 담론의 대상이 되기까지 한다는 사실은 암울하기 짝이 없다. 〈메일 온 선데이〉 기사는 구조적 여성혐오가 상호 연결된 시스템들을 통해 강화되는 방식의 명확한 예이며 그것을 고치는 일이 얼마나 어려운지를 보여준다. 하원 의장이 그 기사에 대해 이야기하려고 편집장을 회의에 부르자 그는 참석을 거부했을 뿐만 아니라 1면에 그 이야기를 떠벌리면서 "언론의 자유" 운운하며 으스대더니 어처구니없게도 〈메일 온 선데이〉가 "모든 형태의 성차별과 여성혐오를 개탄한다"고 주장했다. 한편 언론자율규제기구

IPSO는 해당 기사에 대한 항의 6000건을 모두 기각했다.

그리고 전직 킥복싱 선수 앤드루 테이트가 있다. 테이트의 경우에는 둘 중 어느 쪽이 더 우려스러운지 판단하기 어렵다. 그가 여성혐오로 그렇게 많은 돈을 버는 데 성공한 것이 더 우려스러울까—테이트는 여자는 남자의 소유물이고, 강간은 피해자 탓이라고 주장하는 비디오를 SNS에 올려서 돈을 벌었다. 특히 여자를 때리고 목 조르는 비디오는 틱톡에서만 조회수가 110억 회가 넘었다—아니면 주류 언론이 테이트가 광범위한 사회현상의 한 예가 아니라 충격적이고 예상 불가능한 예외적 인간이라고 암시하면서 그의 사건•을 숨 가쁘고 공포스럽게 보도한 것이 더 우려스러울까.(덕분에 그는 하루아침에 유명인사가 되었다.) 그런데 테이트를 고독한 광인으로 설정한다는 것은 틱톡이 결국 대중의 압력에 굴복하여 그의 계정을 중지했을 때 이야기가 거기서 끝남을 뜻했다. 반면에 극단적인 온라인 여성혐오 문제는 전혀 수그러들지도 않고 거의 언급되지도 않은 채 악화일로를 걷고 있다. 그리고 두 달 후 일론 머스크가 테이트의 트위터 계정 정지를 해제하자 그의 팔로워는 270만 명이 되었다.

• 2022년 12월 테이트와 남동생은 강간, 인신매매, 성 착취 조직범죄 혐의로 루마니아 경찰에 체포되었다.

이 책의 초판이 나온 지 채 1년도 안 돼서 여성의 자율권이 침해당한 충격적이고 절망적인 사례들을 가지고 완전히 새로운 장을 쓸 수 있었다는 사실은 내가 지금껏 강조해온 구조적 결함의 증거다. 이 하나하나의 사건들은 우리가 그것들을 독립 사건으로 보고 계속 단편적으로 대응하는 한, 진정한 변화를 일으키려면 훨씬 더 강력하고 야심적인 시스템 혁신이 필요하다는 사실을 인식하지 못하는 한, 놀라운 속도로 계속해서 누적될 것이다.

정치 혼돈과 사법 지연이라는 현재 상황에서는 우리가 정보 과부하에 도달할 위험이 있다. 시스템 결함에 대한 더욱더 절망적인 정보를 받아들일 수 있는 능력의 한계치를 넘어버리면 새로운 문제들을 확인하기도 벅차서 지나간 문제들의 추이를 따라가지 못하게 되는 것이다. 경찰 불법 행위를 다각적으로 고찰한 셀 수 없이 많은 보고서가 그 좋은 예다. 이 장 앞부분에서 언급한 두 보고서 이전에는 전 스코틀랜드 법무부 장관 엘리시 앤지올리니의 비판적인 보고서가 있었다. 이 2020년 보고서에 따르면 스코틀랜드 경찰 내에는 차별이 만연했으나 불만 처리 시스템이 그 목적에 맞지 않았다. 앞으로도 더 많은 보고서가 발표를 기다리고 있다.

그레이터런던 경찰청을 상대로 민사소송 중인 학생 Q는 변호인단을 통해 다음과 같은 성명을 발표했다. "나는 지금도 매일 소리치거나 비명을 지르거나 울음을 터뜨리거나 다 포기하고 싶다…… 나는 그저 내가 안전하다는 감각을 되찾고 싶을 뿐이다…… 이번 일이 일어나도록 방조한 사람은 모두 책임을 져야 한다…… 나는 내게 이런 짓을 한 사람들이 다른 어느 누구에게도 똑같은 일을 할 수 없다는 걸 알아야겠다…… 모든 관련 기관이 변해야 한다. 나 같은 어린애도 그 정도는 알 수 있다."

문제는 우리 사회의 문지기들과 권력자들이 어린아이에게도 그토록 뚜렷이 보이는 결함을 볼 수 있느냐가 아니라 그것을 해결할 준비가 되어 있느냐다.

힘들고 어렵다는 것은 안다. 이 글을 읽고 있는 많은 여성은 지치고 우울하고 좌절감을 느끼고 있을 것이다. 하지만 나는 '엄마들의 행진'의 인파 속에 서 있을 때 여자들이 한데 모이는 것, 수천 명이 분노를 행동에 옮기는 것에서 오는 엄청난 잠재력을 느꼈다. 그로부터 채 두 달이 지나기도 전에 정부는 보육 서비스가 인프라임을 공식적으로 인정함으로써 지자체들이 적절한 보육 서비스를 위해 부담금을 사용할 수 있는 길을 열었다. 나는 변화가 가능하다고 믿어야만 한다. 그 외의 선택은 포기뿐인데 포기하기에는 너무 많은 여자의 삶이 위험에 처해 있기 때문이다. 그래서 우리는 희망을 잃지 않을 방법을 찾아야 한다. 나는 그것을 매일 주위에서 보는 여자들의 분노와 열정과 용기에서 발견한다. 그들은 곧잘 극복하기 힘든 불리함처럼 느껴지는 것 앞에서도 굴복하지 않고 싸운다. 여학생들은 학교가 성차별적인 복장 규정을 고치게 만들고, 법률 교육을 받은 적이 없는 도나 패터슨 같은 여자들은 거대 슈퍼마켓 체인인 모리슨스를 모성 차별로 고소해서 승소한다. 구호 활동가들은 쉼터 운영자금 부족에 허덕일 때도 매일 생존자들을 돕기 위해 나타난다. 글로리아 스타이넘이 내게 말한 것처럼 "권력이 있는 곳에서 눈을 떼지 않는 것"이 중요하다. 함께라면 우리의 목소리와 투표는 강력하다. 중요한 것은 우리의 관심과 분노를 구조적 변화 요구에 집중하는 것이다. 여자들을 위한 충고나 비법이나 조언이 아니라 진정한 시스템 정비 말이다. 우리는 우리의 목소리를 들어줄 때까지 계속해서 싸울 것이다.

감사의 말

이 책은 내 훌륭한 에이전트 애비게일 버그스트롬의 통찰력과 친절과 도움이 없었다면 존재하지 않았을 것이다.

그리고 환상적인 편집자 프리사 손더스와 아살라 타히르를 비롯한 사이먼 앤드 슈스터 출판사의 모든 직원에게 대단히 감사한다. 특히 탁월한 홍보 담당자 폴리 오즈번, 뛰어난 마케팅 팀과 디자인 팀에게 감사한다. 매의 눈을 가진 교열 담당자 멀리사 본드에게는 타의 추종을 불허하는 꼼꼼함과 정확함에 감사하며, 우수한 교정 담당자 빅토리아 덴에게도 감사한다. 남은 실수는 모두 내 탓이다!

캐런 잉갈라 스미스와 페미사이드 총조사의 노고에 감사한다. 그들의 작업이 없었다면 이 책에 실린 많은 이름을 알 수 없었을 것이다.

고마워, 루시. 작지만 한결같은 반대의 목소리가 되어 주어서, 그리고 네가 불붙여준 모든 것에 대해.

나와 인터뷰해준 모든 이에게, 그들의 시간과 전문 지식을 너그럽게 나눠 준 데 감사한다.

늘 내 편이자 매일 나의 생명선이 되어주는 엄마에게 감사한다. 엄마의 응원이 없었다면 시작하지 못했을 것이고 엄마의 충고와 사랑이 없었다면 끝내지 못했을 것이다.

시스템의 결함에 의문을 품고 수십 년간 성폭력과 싸우며 현장에서 일해온 여성 전사들의 업적에 감사한다. 용기와 호기심을 갖고 나타나 선배들의 발자취를 따라가고 있는 젊은 운동가들은 고무적이다.

마지막으로 지난 10년간 일상 속 성차별 프로젝트에서 너무나 용감하게 자신의 이야기를 들려준 20만 명 모두에게 대단히 감사한다. 우리의 목소리는 함께 드높일 때 가장 크다.

주

목록

1 scholarship.law.columbia.edu/books/255

2 mediaed.org/transcripts/Bell-Hooks-Transcript.pdf

3 diversityis.com/activists-and-researchers-say-school-dress-codes-unfairly-target-african-american-girls

4 theconversation.com/afro-hair-how-pupils-are-tackling-discriminatory-uniform-policies-159290

5 bbc.co.uk/news/newsbeat-45521094

시초

1 bbc.co.uk/news/business-40916607

2 england.nhs.uk/blog/tackling-the-root-causes-of-suicide

3 thesun.co.uk/living/4104363/these-are-the-most-sexist-kids-clothes-in-britain-and-they-were-all-for-sale-on-the-high-street

4 ibid.

5 theatlantic.com/science/archive/2017/01/six-year-old-girls-already-have-gendered-beliefs-about-intelligence/514340

6 onlinelibrary.wiley.com/doi/abs/10.1111/j.0021-9029.2006.00013.x

7 bbc.co.uk/news/education-34138287

8 endviolenceagainstwomen.org.uk/yougov-poll-exposes-high-levels-sexual-harassment-in-schools

9 theguardian.com/education/2021/jun/10/sexual-harassment-is-a-routine-part-of-life-school children-tell-ofsted

10 ibid.

11 ibid.

12 theguardian.com/education/2021/jun/10/sexual-harassment-is-a-routine-part-of-life-schoolchildren-tell-ofsted

13 liverpoolecho.co.uk/news/liverpool-news/pupils-told-wear-shorts-under-20169922

14 globalnews.ca/news/3162741/more-than-20-girls-sent-home-from-uk-school-because-uniform-skirts-were-too-short

15 insider.com/teen-school-dress-code-yearbook-petition-2017-7

16 insider.com/teens-protest-schools-bra-strap-policy-2018-5

17 upworthy.com/florida-high-school-yearbook-edits-breasts

18 today.com/style/mississippi-school-punishes-9-year-old-girl-wearing-formfitting-clothes-t102483

19 theguardian.com/education/2020/sep/30/many-gcse-pupils-never-study-a-book-by-a-bame-author; stylist.co.uk/life/female-authors-curriculum-gcse-a-level-woman-writers/195076; theguardian.com/education/2015/aug/18/female-composers-a-level-music-syllabus-petition

20 inews.co.uk/news/education/universities-failing-sexual-misconduct-victims-1072067

21 youtube.com/watch?v=3Ca1q8tdGvc

22 independent.co.uk/news/uk/politics/school-compulsory-lessons-colony-slave-trade-b1807571.html

23 runnersworld.com/uk/training/a36278390/reclaim-the-run; nuffieldhealth.com/article/almost-three-quarters-of-british-women-dont-feel-safe-exercising-outdoors-in-the-dark

24 peoplemanagement.co.uk/news/articles/most-women-never-asked-pay-rise-survey-finds#gref

25 abcnews.go.com/Business/women-aggressive-men-applying-jobs-hired-frequently-linkedin/story?id=61531741

26 mic.com/articles/189829/nearly-two-thirds-of-women-in-tech-say-their-ideas-are-ignored-until-a-man-repeats-them-study-shows

27 wbg.org.uk/wp-content/uploads/2020/04/Accompanying-paper-FINAL.pdf

28 nationalsexstudy.indiana.edu

29 news.harvard.edu/gazette/story/2020/02/men-better-than-women-at-self-promotion-on-job-leading-to-inequities

30 weforum.org/agenda/2018/04/women-are-still-not-asking-for-pay-rises-here-s-why

31 telegraph.co.uk/business/2017/09/18/women-likely-men-underpaid-less-likely-complain

32 abcnews.go.com/Business/women-aggressive-men-applying-jobs-hired-frequently-linkedin/story?id=61531741

가부장제? 무슨 가부장제?

1 theguardian.com/money/2015/jul/24/maternity-leave-discrimination-54000-women-lose-jobs-each-year-ehrc-report

2 independent.co.uk/life-style/women-men-household-chores-domestic-house-gender-norms-a9021586.html

3 peoplemanagement.co.uk/news/articles/women-providing-two-thirds-more-childcare-than-men-during-lockdown#gref

4 abcnews.go.com/Business/women-aggressive-men-applying-jobs-hired-frequently-linkedin/story?id=61531741

5 pnas.org/content/109/41/16474

6 hbswk.hbs.edu/item/minorities-who-whiten-job-resumes-get-more-interviews

7 peoplemanagement.co.uk/news/articles/one-in-eight-employers-reluctant-to-hire-women-who-might-have-children#gref; theguardian.com/world/2018/sep/13/workplace-gender-discrimination-remains-rife-survey-finds

8 nwlc-ciw49tixgw5lbab.stackpathdns.com/wp-content/uploads/2019/03/Women-and-the-Lifetime-Wage-Gap-v1.pdf

9 tuc.org.uk/news/nearly-one-three-disabled-workers-surveyed-treated-unfairly-work-during-pandemic-new-tuc

10 fawcettsociety.org.uk/news/women-candidates-face-explicit-resistance-and-discrimination-within-political-parties

11 bbc.com/worklife/article/20210108-why-do-we-still-distrust-women-leaders

12 educationbusinessuk.net/news/16122019/slight-fall-number-mps-who-attended-university

13 gov.uk/government/news/elitism-in-britain-2019

14 insight.kellogg.northwestern.edu/article/hirable_like_me

15 thetimes.co.uk/article/new-tory-sleaze-row-as-donors-who-pay-3m-get-seats-in-house-of-lords-2575s6jmp

16 cultureplusconsulting.com/2018/03/10/gender-bias-work-assertiveness-double-bind

17 psychologicalscience.org/news/minds-business/leading-while-female-prepare-to-counter-the-backlash.html; gap.hks.harvard.edu/social-incentives-gender-differences-propensity-initiate-negotiations-sometimes-it-does-hurt-ask

18 fortune.com/2014/08/26/performance-review-gender-bias

19 businessinsider.com/reddit-doesnt-negotiate-salaries-ellen-pao-2015-6?r=US&IR=T

20 dailydot.com/unclick/ellen-pao-reddit-ceo-petition-sexist

21 vox.com/2015/7/8/8914661/reddit-victoria-protest

22 dailydot.com/unclick/ellen-pao-reddit-ceo-petition-sexist; alphr.com/demographics-reddit; change.org/p/ellen-k-pao-step-down-as-ceo-of-reddit-inc

23 vox.com/2015/7/8/8914661/reddit-victoria-protest

24 bbc.co.uk/news/uk-politics-51612796

25 theguardian.com/uk-news/2015/jun/10/nobel-scientist-tim-hunt-female-scientists-cause-trouble-for-men-in-labs

26 adaa.org/find-help-for/women/depression

27 theguardian.com/society/2020/sep/14/uk-has-experienced-explosion-in-anxiety-since-2008-study-finds

28 forbes.com/sites/alicebroster/2020/09/25/coronavirus-has-caused-a-crisis-in-womens-mental-health-according-to-study/?sh=38fd1ab673db

29 mic.com/articles/113334/these-are-the-new-orgasm-statistics-every-woman-should-see

30 bbc.co.uk/news/technology-55333403

31 mirror.co.uk/3am/celebrity-news/peter-andre-begs-katie-prices-24981105?utm_source=facebook.com&utm_medium=social&utm_campaign=mirror_main&fbclid=IwAR1tobcsDHQzxLKN2EXJyH9qEoyvyBjr58gkls9M2izoepDFByaygufM34

32 endfgm.eu/female-genital-mutilation/what-is-fgm

33 rcog.org.uk/globalassets/documents/news/britspag_labiaplastypositionstatement.pdf; bbc.co.uk/news/health-40410459

34 dailymail.co.uk/femail/article-2320665/Female-Genital-Mutilation-cultural-violence-66-000-women-UK-live-effects-FGM-victim-Nimko-Ali-hits-PC-society-ignored-pain.html

'독립 사건'

1 aljazeera.com/news/2021/3/11/uk-in-shock-after-police-officer-arrested-over-missing-woman

2 cheshire-live.co.uk/news/chester-cheshire-news/familys-tribute-congleton-woman-found-19992894

3 leicestermercury.co.uk/news/leicester-news/man-accused-murdering-woman-found-5288994

4 theoldhamtimes.co.uk/news/19145472.family-pays-tribute-29-year-old-woman-found-dead-oldham; manchestereveningnews.co.uk/news/greater-manchester-news/woman-stabbed-multiple-times-kitchen-20202720

5 manchestereveningnews.co.uk/news/greater-manchester-news/murdered-girlfriend-wrote-body-it-21156946

6 walesonline.co.uk/news/wales-news/school-describes-devastating-impact-death-20035530

7 kareningalasmith.com/tag/counting-dead-women

8 ibid.

9 theguardian.com/society/2020/jul/17/one-in-70-recorded-rapes-in-england-and-wales-led-to-charge-last-year

10 mirror.co.uk/news/uk-news/sarah-everard-missing-women-living-23631910

11 dailymail.co.uk/news/article-9286147/Jilted-husband-62-murdered-disabled-campaigner-wife-58-jailed-life.html

12 theguardian.com/society/2021/mar/07/end-femicide-278-dead-the-hidden-scandal-of-older-women-killed-by-men?CMP=Share_iOSApp_Other

13 wearehourglass.org/sites/default/files/inline-files/Safer%20Ageing%20Week_polling%20release%20-%20Wales_V1.pdf

14 inews.co.uk/news/uk/sarah-everard-cressida-dick-announcement-women-abduction-human-remains-found-908525

15 theguardian.com/world/2021/mar/10/almost-all-young-women-in-the-uk-have-been-sexually-harassed-survey-finds

16 bbc.com/news/uk-england-manchester-58104988.amp

17 mirror.co.uk/news/uk-news/devastated-family-woman-who-died-24697052

18 hansard.parliament.uk/Commons/2021-03-18/debates/6643456C-27C1-4355-A8FF-ABDBDEB75288/TopicalQuestions#contribution-0FDD8079-A6DE-46CD-852F-6AB7946DE0A2

19 graziadaily.co.uk/life/in-the-news/ellie-reeves-attorney-general-michael-ellis-rape-conviction-rate

20 theguardian.com/society/2020/jul/17/one-in-70-recorded-rapes-in-england-and-wales-led-to-charge-last-year

21 bbc.co.uk/news/uk-56379248

22 mirror.co.uk/news/uk-news/breaking-sarah-everard-vigil-hundreds-23710104

23 bbc.co.uk/news/uk-scotland-57667163

24 bbc.co.uk/news/uk-56574557

25 theguardian.com/uk-news/2021/jun/08/cressida-dick-admits-there-are-bad-uns-in-the-metropolitan-police

26 metro.co.uk/2021/03/12/pc-wayne-couzens-flashed-woman-3-days-before-sarah-everard-vanished-14231070

27 news.sky.com/story/sarah-everard-calls-for-investigation-into-how-wayne-couzens-stayed-a-police-officer-after-indecent-exposure-incidents-12352734

28 news.sky.com/story/twelve-officers-investigated-by-police-watchdog-over-case-of-sarah-everards-killer-12352335

29 ibid.

30 thetimes.co.uk/article/met-policeman-to-keep-job-after-sharing-murder-meme-during-everard-search-tz8vwqfl2

31 bbc.co.uk/news/uk-england-london-57260505; independent.co.uk/news/uk/crime/deniz-jaffer-jamie-lewis-guilty-jailed-whatsapp-b1970726.html

32 independent.co.uk/news/uk/crime/wayne-couzens-whatsapp-met-police-b1930946.html

33 inews.co.uk/news/uk/wayne-couzens-the-rapist-nickname-why-known-as-sarah-everard-killer-explained-1227129

34 bbc.co.uk/news/uk-england-london-56409023

35 bbc.co.uk/news/uk-england-55848743

36 theguardian.com/uk-news/2021/oct/01/police-log-10000-indecent-exposure-cases-but-fewer-than-600-reach-court

미꾸라지

1 theguardian.com/uk-news/2021/mar/20/revealed-the-grim-list-of-sex-abuse-claims-against-metropolitan-police

2 bbc.co.uk/news/uk-england-hereford-worcester-56596141

3 bbc.co.uk/news/uk-england-coventry-warwickshire-56459217

4 itv.com/news/calendar/2021-04-21/sergeant-ben-lister-west-yorkshire-police-officer-denies-rape-and-sexual-assault

5 bbc.co.uk/news/uk-56581835

6 chroniclelive.co.uk/news/north-east-news/predatory-police-officer-sex-vulnerable-21361148

7 theguardian.com/uk-news/2021/jan/08/hampshire-police-officers-sacked-over-shameful-language

8 telegraph.co.uk/women/womens-life/11957145/Domestic-violence-British-police-voicemail-called-victim-a-slag.html

9 https://www.policeconduct.gov.uk/sites/default/files/Operation%20Hotton%20Learning%20report%20-%20January%202022.pdf

10 https://www.theguardian.com/uk-news/2022/feb/01/met-officers-joked-raping-

women-police-watchdog-racist

11 https://www.bbc.co.uk/news/uk-england-london-60215575

12 centreforwomensjustice.org.uk/news/2020/3/9/police-officers-allowed-to-abuse-with-impunity-in-the-locker-room-culture-of-uk-forces-super-complaint-reveals

13 assets.publishing.service.gov.uk/government/uploads/system/uploads/attachment_data/file/913084/Police_perpetrated_ domestic_abuse.pdf

14 unison.org.uk/content/uploads/2018/08/UNISON-LSE-report-Time-to-stamp-out-sexual-harassment-in-the-police-1.pdf

15 theguardian.com/society/2021/jun/23/domestic-abuse-cases-end-without-charge-england-wales

16 safelives.org.uk/policy-evidence/about-domestic-abuse/how-long-do-people-live-domestic-abuse-and-when-do-they-get

17 ibid.

18 theguardian.com/society/2021/jun/23/domestic-abuse-cases-end-without-charge-england-wales

19 theguardian.com/uk-news/2021/oct/01/police-must-win-back-public-confidence-after-sarah-everard-case-says-minister

20 bbc.co.uk/news/newsbeat-59235121

21 sistahspace.org/valerieslaw

22 inews.co.uk/opinion/how-sex-workers-who-are-sexually-assaulted-are-being-failed-by-the-justice-system-328027

23 rapecrisis.org.uk/get-informed/about-sexual-violence/statistics-sexual-violence

24 justiceinspectorates.gov.uk/hmicfrs/wp-content/uploads/crime-recording-making-the-victim-count.pdf

25 theguardian.com/uk-news/2017/apr/01/sammy-woodhouse-interview

26 theguardian.com/uk-news/2021/mar/16/institutional-misogyny-erodes-womens-trust-in-uk-police

27 theguardian.com/society/2021/oct/10/a-third-of-police-forces-referred-sex-assault-claims-to-watchdog-sarah-everard

28 independent.co.uk/news/uk/crime/sexual-assault-harassment-metropolitan-police-metoo-london-a8845811.html

29 bbc.co.uk/news/uk-england-york-north-yorkshire-58762029

피해자를 심판대에 올리기

1 theguardian.com/law/2021/jul/22/cps-accused-of-betraying-victims-as-prosecutions-hit-record-low; statista.com/statistics/283100/recorded-rape-offences-in-england-and-wales

2 endviolenceagainstwomen.org.uk/our-judicial-review-evidence-against-cps-handed-over-to-government-2

3 endviolenceagainstwomen.org.uk/wp-content/uploads/XX-Statement.pdf

4 endviolenceagainstwomen.org.uk/wp-content/uploads/JOINT-MEDIA-BRIEFING-15.3.21.pdf

5 ibid.

6 ibid.

7 assets.publishing.service.gov.uk/government/uploads/system/uploads/attachment_data/file/918529/diversity-of-the-judiciary-2020-statistics-web.pdf

8 supremecourt.uk/about/biographies-of-the-justices.html

9 manchestereveningnews.co.uk/news/greater-manchester-news/oldham-councillor-urges-review-after-20183218

10 theguardian.com/uk-news/2021/feb/18/anthony-williams-killed-wife-act-of-great-violence-jailed-for-five-years

11 theguardian.com/uk-news/2021/feb/18/anthony-williams-killed-wife-act-of-great-violence-jailed-for-five-years

12 centreforwomensjustice.org.uk/women-who-kill

13 independent.co.uk/news/uk/crime/judge-calls-victim-13-sexual-predator-outcry-41-year-old-man-walks-free-after-admitting-sex-girl-8748494.html

14 theguardian.com/us-news/2017/feb/08/idaho-judge-rape-social-media-twin-falls

15 bbc.co.uk/news/world-europe-46207304

16 worcesternews.co.uk/news/14776023.jailed-top-court-prosecutor-from-worcester-jailed-for-six-years-after-trying-to-kill-his-wife-in-frenzied-knife-attack

17 lancashiretelegraph.co.uk/news/9185784.family-colne-strangling-victim-disappointed-verdict

18 bbc.co.uk/news/uk-england-nottinghamshire-40670225

19 theguardian.com/society/2019/jul/25/fatal-hateful-rise-of-choking-during-sex

20 birminghammail.co.uk/black-country/natalie-connolly-killer-john-broadhurst-19023076

21 theguardian.com/news/2018/dec/04/rugby-rape-trial-ireland-belfast-case

22 criminalbar.com/resources/news/cba-monday-message-11-02-19

23 telegraph.co.uk/news/2019/04/03/sexism-uk-courts-exaggerated-lord-chief-justice-suggests-cases

24 legalcheek.com/2020/02/over-half-of-female-lawyers-have-experienced-or-witnessed-sexism-at-work

25 bbc.co.uk/news/uk-england-essex-54281111

26 dailymail.co.uk/news/article-9030023/Lawyer-55-took-upskirt-pictures-AVOIDS-struck-blaming-Brexit-planning-stress.html

27 theguardian.com/society/2021/oct/29/research-reveals-rapes-and-assaults-admitted-to-by-male-uk-students?CMP=Share_iOSApp_Other&fbclid=IwAR20seM3iT0wleZKuAk1DqCZayZHxrtlQujVu6HwQ8oQ-sgMJK-HqlDdSpQ

28 tuc.org.uk/sites/default/files/SexualHarassmentreport2016.pdf

29 publications.parliament.uk/pa/cm201719/cmselect/cmwomeq/725/72507.htm

정치와 특권

1 members.parliament.uk/parties/lords/by-gender; lordslibrary.parliament.uk/research-briefings/lln-2019-0150

2 commonslibrary.parliament.uk/research-briefings/sn01156

3 gov.uk/government/ministers

4 womensaid.org.uk/womens-aid-responds-to-the-governments-funding-announcement

5 theguardian.com/world/2021/may/08/uk-government-failed-to-consider-gender-in-its-response-to-covid-pandemic

6 theguardian.com/world/2020/may/27/working-mothers-interrupted-more-often-than-fathers-in-lockdown-study

7 inews.co.uk/news/childbirth-campaign-pregnant-women-give-birth-alone-coronavirus-rules-change-635774

8 theguardian.com/world/2021/apr/21/pregnant-women-need-better-covid-safety-at-work-say-campaigners

9 wbg.org.uk/media/press-releases/investment-in-scandinavian-style-universal-care-would-create-more-than-2-million-jobs

10 theguardian.com/world/2021/may/04/women-jobs-risk-covid-pandemic-uk-analysis

11 bbc.co.uk/news/uk-53781734

12 theguardian.com/commentisfree/2021/nov/10/we-need-to-protect-breastfeeding-

women-from-voyeurs-so-why-did-the-debate-get-so-weird

13 independent.co.uk/news/uk/home-news/jeremy-hunt-fgm-survivor-nimco-ali-google-orgasm-female-genital-mutilation-health-secretary-a7652521.html

14 edition.cnn.com/2021/09/09/politics/abbott-abortion-fact-check/index.html

15 independent.co.uk/news/world/americas/us-politics/texas-abortion-law-rape-abbott-b1915879.html

16 inews.co.uk/news/politics/stella-creasy-pregnant-mp-sue-parliament-like-for-like-maternity-leave-rejected-1076752

17 theguardian.com/lifeandstyle/2019/feb/12/tulip-siddiq-i-needed-a-caesarean-instead-i-was-at-parliament

18 bbc.co.uk/news/uk-wales-politics-52785157

19 theguardian.com/politics/2017/sep/05/diane-abbott-more-abused-than-any-other-mps-during-election

20 independent.co.uk/news/uk/politics/westminster-sexual-harassment-one-five-report-leaked-mps-lords-staff-a8199401.html

21 theguardian.com/commentisfree/2019/jul/01/mp-expenses-violence-misogyny-harassment-recall-commons

22 theguardian.com/politics/2020/aug/03/did-westminsters-culture-of-impunity-ever-go-away

23 theguardian.com/politics/2021/nov/01/conservative-party-readmits-mp-sexually-harassed-staff-rob-roberts

24 theguardian.com/politics/2021/nov/21/sex-life-scoured-by-media-after-stanley-johnson-allegations-mp-claims

25 bbc.co.uk/news/uk-politics-59451874

26 theguardian.com/lifeandstyle/2021/oct/09/new-888-service-to-protect-women-wins-patels-support

27 bbc.co.uk/news/uk-politics-45083275

28 scotsman.com/read-this/boris-johnson-has-refused-to-apologise-for-past-sexist-comments-despite-his-pledge-to-address-the-issue-of-casual-sexism-3170177

29 mirror.co.uk/news/uk-news/voting-tory-cause-your-wife-8274342

30 dailymail.co.uk/debate/article-10209893/Sins-father-sound-familiar-ANDREW-PIERCE-examines-claims-against-Stanley-Johnson.html

31 bbc.co.uk/news/uk-56566442

32 publications.parliament.uk/pa/cm201617/cmselect/cmwomeq/91/9105.htm#_idTextAnchor009

33 endviolenceagainstwomen.org.uk/campaign/metoo-at-school

34 standard.co.uk/insider/everyone-s-invited-teenage-boys-suffering-soma-sara-b942057.html

대중매체의 여성혐오

1 theguardian.com/society/2015/dec/29/charlotte-proudman-feminazi-barrister-linkedin-sexism-row; metro.co.uk/2021/07/07/piers-morgan-slams-naomi-osaka-again-after-netflix-doc-announcement-14889487

2 momentive.ai/en/newsroom/men-continue-to-pull-back-in-wake-of-metoo

3 brunel.ac.uk/news-and-events/news/articles/Newspapers-key-to-spreading-MeToo-message-in-Britain

4 theguardian.com/politics/2015/apr/21/tories-and-rightwing-press-resort-to-sexist-sturgeon-jibes

5 spectator.co.uk/article/the-row-over-racist-abuse-of-diane-abbott-shows-how-far-momentum-will-sink

6 womeninjournalism.co.uk/the-tycoon-and-the-escort-the-business-of-portraying-women-in-newspapers

7 en.unesco.org/news/unescos-global-survey-online-violence-against-women-journalists

8 digiday.com/media/sobering-findings-one-five-young-women-media-advertising-sexually-harassed

9 independent.co.uk/voices/sexual-harassment-journalism-take-stand-abuse-assault-sexism-a8035336.html

10 womeninjournalism.co.uk/wp-content/uploads/2018/02/Seen_but_not_heard1.pdf

11 tandfonline.com/doi/full/10.1080/14680777.2018.1468797

12 bbc.co.uk/news/election-2019-50246969

13 theguardian.com/lifeandstyle/the-womens-blog-with-jane-martinson/2011/apr/27/telegraph-website-whose-boobs-are-these

14 thetimes.co.uk/article/johnny-depp-interview-im-being-boycotted-by-hollywood-zpllqzl5k

15 dailymail.co.uk/tvshowbiz/article-10017929/Johnny-Depp-claims-hes-victim-cancel-culture-amid-50m-defamation-lawsuit.html

16 losangeles.cbslocal.com/2017/11/17/cant-touch-this-sexual-assault-claims-destroy-the-careers-of-powerful-men-but-not-the-president

17 independent.co.uk/news/business/news/audi-advert-china-sexist-watch-video-women-used-cars-perfect-wife-a7849016.html

18 theguardian.com/uk-news/2021/jan/28/no-10-pulls-sexist-covid-ad-showing-all-chores-done-by-women

점과 점 연결하기

1 dailymail.co.uk/news/article-9965793/Family-flee-pyjamas-lorry-deliberately-driven-home-domestic-row.html

2 reuters.com/world/uk/british-shooter-named-jake-davison-2021-08-13

3 buzzfeed.com/adeonibada/evening-standard-apologised-bell-ribeiro-addy

4 theguardian.com/commentisfree/2017/feb/14/racism-misogyny-politics-online-abuse-minorities?CMP=soc_3156

5 theguardian.com/uk-news/2021/mar/16/institutional-misogyny-erodes-womens-trust-in-uk-police

6 committees.parliament.uk/committee/83/home-affairs-committee/news/157006/urgent-action-needed-to-tackle-deep-rooted-and-persistent-racial-disparities-in-policing

7 bbc.co.uk/news/uk-england-manchester-57982273

8 ethnicity-facts-figures.service.gov.uk/crime-justice-and-the-law/policing/stop-and-search/latest

9 ohchr.org/EN/NewsEvents/Pages/DisplayNews.aspx?NewsID=22997&LangID=E

10 theguardian.com/global-development/2021/jan/15/black-women-in-the-uk-four-times-more-likely-to-die-in-pregnancy-or-childbirth

11 wbg.org.uk/analysis/2018-wbg-briefing-disabled-women-and-austerity/#:~:text=14%20million%20people%20in%20the,have%20someone%20with%20a%20disability

12 bbc.co.uk/news/uk-46371441

13 rapecrisis.org.uk/media/2396/c-decriminalisation-of-rape-report-cwj-evaw-imkaan-rcew-nov-2020.pdf

14 sisofrida.org/the-impact-of-covid-19-on-disabled-women-from-sisters-of-frida

15 bbc.co.uk/news/av/uk-55133088

16 metro.co.uk/2019/10/12/police-seize-disabled-activists-wheelchairs-ahead-extinction-rebellion-protests-10896624

17 endviolenceagainstwomen.org.uk/wp-content/uploads/FINAL-living-in-a-hostile-environment-for-Web-and-sharing-.pdf

18 mdx.ac.uk/news/2021/01/bame-criminal-justice-system

19 endviolenceagainstwomen.org.uk/wp-content/uploads/Joint-Briefing-for-Meg-

Hillier-MP-Debate-EVAW-Imkaan.pdf

20 businessinsider.com/boris-johnson-record-sexist-homophobic-and-racist-comments-bumboys-piccaninnies-2019-6?r=US&IR=T

21 nytimes.com/live/2021/03/17/us/shooting-atlanta-acworth

여자가 아니라 시스템을 고쳐라

1 itv.com/news/2021-09-22/sabina-nessa-more-than-200-alarms-handed-to-women-after-teachers-death

2 bbc.co.uk/news/uk-england-devon-59490899

3 marieclaire.co.uk/news/celebrity-news/emma-watson-paparazzi-took-pictures-up-my-skirt-on-my-18th-birthday-14485

4 theage.com.au/national/victoria/stripper-club-culture-senior-firefighter-calls-out-the-sexual-harassment-she-s-endured-20210905-p58ow3.html

5 theguardian.com/media/2019/mar/24/german-bike-safety-ad-featuring-model-in-bra-and-helmet-sexist

6 niemanlab.org/2021/07/one-of-the-main-reasons-why-women-leave-half-of-women-journalists-in-africa-surveyed-have-been-sexually-harassed-at-work

7 swissinfo.ch/eng/swiss-protest-against-court-ruling-reducing-rapist-s-sentence/46852284

8 aljazeera.com/news/2021/3/3/thousands-in-india-demand-top-judge-resign-over-rape-remarks

9 dailymail.co.uk/news/article-8914001/Peru-judges-rule-rape-case-womans-red-underwear-signalled-willing-sex.html

10 huffingtonpost.co.uk/entry/the-rape-kit-backlog-shows-exactly-how-we-regard-women-in-this-country_n_5acfb5e1e4b016a07e9a8c65

11 womenandpolicing.org/violenceFS.asp

12 washingtonpost.com/business/2018/10/06/less-than-percent-rapes-lead-felony-convictions-least-percent-victims-face-emotional-physical-consequences

13 dss.gov.au/sites/default/files/documents/08_2014/national_plan1.pdf

14 theguardian.com/society/2021/sep/06/indigenous-australians-need-own-plan-to-reduce-violence-against-women-summit-told

15 manchestereveningnews.co.uk/news/greater-manchester-news/businessman-branded-ex-wife-bacon-16475342

16 aninjusticemag.com/does-the-bodily-autonomy-of-the-dead-matter-more-than-women-6e41ce0cb41c

17 rapecrisis.org.uk/media/2396/c-decriminalisation-of-rape-report-cwj-evaw-imkaan-rcew-nov-2020.pdf

18 static1.squarespace.com/static/5f7d9f4addc689717e6ea200/t/607eea86aaa24a6d365cf3ba/1618930331127/2018+%7C+Summary+of+the+Alternative+Bill.pdf

19 wbg.org.uk/wp-content/uploads/2020/10/WBG-Report-v10.pdf

20 ft.com/content/c2f9639d-455c-4e2b-9d75-81385f875150

21 gov.uk/government/publications/the-economic-and-social-costs-of-domestic-abuse

22 thesector.com.au/2019/06/20/pwc-report-shows-for-every-dollar-invested-in-ecec-two-are-returned/

23 mckinsey.com/business-functions/organization/our-insights/why-diversity-matters

24 unwomen.org/en/what-we-do/economic-empowerment/facts-and-figures

25 theguardian.com/society/2021/oct/21/government-will-take-years-hit-rape-charges-target-data

26 assets.publishing.service.gov.uk/government/uploads/system/uploads/attachment_data/file/509500/BIS-16-145-pregnancy-and-maternity-related-discrimination-and-disadvantage-summary.pdf

27 yougov.co.uk/topics/resources/articles-reports/2018/12/01/publics-attitudes-sexual-consent

28 stylist.co.uk/health/women/fearless-future-campaign/520763

피해자 지원 단체

강간 위기 잉글랜드/웨일스

rapecrisis.org.uk

최근이건 오래전이건 시기에 관계없이 어떤 형태로든 성폭력을 경험한 적 있는 모든 나이대의 여성을 위한, 실전 전문가들로 구성되고 비밀보장을 원칙으로 하는 독립 지원 단체.

생존자 영국

survivorsuk.org

강간이나 성폭력을 당한 적이 있는 남성에게 정보 및 상담을 지원하는 단체.

쉼터

refuge.org.uk

가정폭력을 겪고 있는 여성과 아동을 지원하는 단체.

남성 상담 전화

mensadviceline.org.uk

가정폭력과 학대를 경험하고 있는 남성에게 상담과 도움을 지원하는 단체.

유대인 여성의 전화

jwa.org.uk

유대인 여성에게 법률, 주거, 보조금과 관련된 상담을 제공하는 단체.

누르 가정폭력 지원

nour-dv.org.uk

무슬림 조언자, 법률 전문가, 상담가와 연결해주는 단체.

웨일스 여성의 전화

welshwomensaid.org.uk

가정폭력을 겪고 있는 여성과 아동을 지원하는 단체.

스코틀랜드 여성의 전화

scottishwomensaid.org.uk

가정폭력을 겪고 있는 여성과 아동을 지원하는 단체.

수지 램플루 재단

suzylamplugh.org

스토킹 피해자에게 상담과 도움을 제공하는 단체.

마인드

mind.org.uk

정신 건강과 관련된 상담을 제공하는 자선단체.

비트

b-eat.co.uk

신경성 거식증, 신경성 대식증, 마구먹기 장애 등 섭식장애와 관련된 정보 및 도움을 제공하는 단체.

카르마 니르바나

karmanirvana.org.uk

명예 관련 학대와 강제 결혼의 피해자에게 도움을 제공하는 단체.

포워드

forwarduk.org.uk

여성할례 피해를 입은 여성에게 상담, 도움, 전문의 진료를 제공하는 단체.

갤럽

galop.org.uk

양성애 혐오, 동성애 혐오, 트랜스젠더 혐오, 성폭력, 가정폭력을 경험한 적이 있는 사람에게 상담과 도움을 제공하는 단체. 또한 경찰과 문제가 있거나 사법제도에 의문을 가지고 있는 레즈비언, 게이, 양성애자, 트랜스젠더, 퀴어에게도 도움을 준다.

목록

평생을 수치심과 싸워온 우리의 이야기

1판 1쇄 인쇄 2023년 9월 20일
1판 1쇄 발행 2023년 9월 27일

지은이 로라 베이츠
옮긴이 황가한

발행인 양원석 **편집장** 김건희 **책임편집** 곽우정
디자인 김현우
영업마케팅 윤우성, 박소정, 이현주, 정다은, 백승원

펴낸 곳 (주)알에이치코리아
주소 서울시 금천구 가산디지털2로 53, 20층 (가산동, 한라시그마밸리)
편집문의 02-6443-8932 **도서문의** 02-6443-8800
홈페이지 http://rhk.co.kr **등록** 2004년 1월 15일 제2-3726호

ISBN 978-89-255-7600-8 (03300)